INSTRUCTION

SUR LE TIR

INSTRUCTION
SUR LE TIR

A L'USAGE

DE L'INFANTERIE DE LA GARDE IMPÉRIALE,
DES RÉGIMENTS D'INFANTERIE, DES BATAILLONS
DE CHASSEURS A PIED
ET DES CORPS PERMANENTS D'AFRIQUE.

Approuvée par Son Excellence le Maréchal Ministre
de la guerre, le 1er novembre 1867.

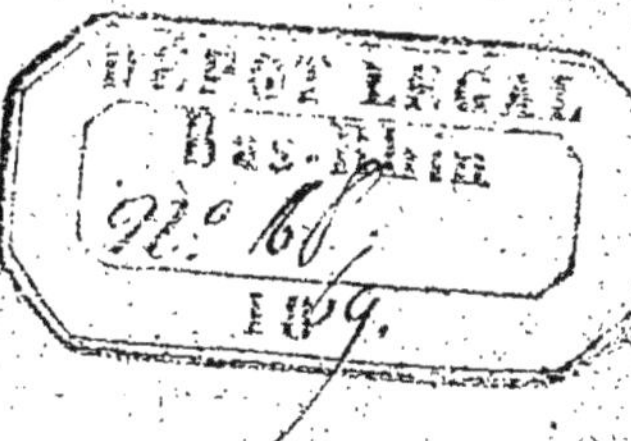

PARIS

LIBRAIRIE MILITAIRE DE VEUVE BERGER-LEVRAULT ET FILS
Éditeurs de l'Annuaire militaire
5, RUE DES BEAUX-ARTS, 5.
(Même Maison à Strasbourg.)

STRASBOURG, IMPRIMERIE DE VEUVE BERGER-LEVRAULT.

INSTRUCTION

SUR LE TIR

— o·o·✺·o —

TITRE PREMIER.

BASES DE L'INSTRUCTION.

PREMIÈRE PARTIE.

CONSIDÉRATIONS GÉNÉRALES. — DEVOIRS ET FONCTIONS DES DIFFÉRENTS GRADES.

La force de l'infanterie résidant principalement dans ses feux, il faut qu'elle sache utiliser la portée, la justesse et la rapidité du tir de son arme.

La vitesse du tir jouera désormais un rôle considérable à la guerre; néanmoins, la meilleure infanterie sera, comme par le passé, celle qui tirera le mieux, le plus à propos, et qui, en produisant le plus grand effet utile, consommera le moins de munitions.

L'instruction du tir, comprenant les feux individuels, les feux d'ensemble, et l'appréciation des distances, est nécessaire aux soldats pour leur apprendre à se servir de leurs armes; elle est plus nécessaire encore aux officiers, puisqu'elle leur donne le moyen de commander et de diriger les différents feux de façon à les rendre aussi efficaces que possible.

L'instruction du tir est placée, comme toutes les autres parties du service, sous la direction et la responsabilité du colonel.

Les chefs de corps ne négligeront rien pour développer l'instruction du tir, en propager le goût, et mettre en honneur dans leur régiment cette portion si essentielle du service, certains d'accroître ainsi la valeur morale en même temps que la force matérielle des troupes dont ils ont le commandement.

Le colonel nomme dans chaque bataillon un lieutenant ou sous-lieutenant instructeur de tir, choisi parmi ceux qui ont suivi, comme officiers, les cours de l'école normale de tir. Cet officier est chargé, en même temps, des fonctions d'adjoint au lieutenant d'armement, telles qu'elles sont déterminées par le règlement du 1er mars 1854.

Le lieutenant-colonel veille à l'observation des règlements sur le tir, et porte spécialement son attention sur l'instruction des sous-officiers, des caporaux et des jeunes soldats.

Il assiste toujours aux séances de tir des officiers.

Il préside les conférences auxquelles assistent tous les officiers, et dont les procès-verbaux, rédigés à l'issue de chaque séance sous sa direction et annotés par lui, doivent être présentés à l'examen de l'inspecteur général.

Le chef de bataillon assiste aux exercices préparatoires et aux tirs de toutes les compagnies de son bataillon; il surveille la tenue des registres de tir.

Il fait la théorie sur le tir aux officiers, de la même manière que cela est prescrit pour les règlements sur les manœuvres.

Dans chaque compagnie, le capitaine est chargé et responsable de l'instruction théorique et pratique du tir; il fait tous ses efforts pour en développer le goût.

Il fait établir les situations pour les tirs à la cible, et fait inscrire sur le livre de détail et sur les livrets les résultats des tirs effectués.

Le capitaine instructeur de tir fait les conférences sur le tir aux officiers réunis sous la présidence du lieutenant-colonel.

Il dirige le tir pratique que les officiers font en présence de cet officier supérieur.

Il concourt également, avec l'aide des officiers de tir des bataillons, à l'instruction théorique et pratique des sous-officiers du régiment, et à l'instruction des jeunes soldats.

Il centralise les notes données aux sous-officiers et aux caporaux par les officiers instructeurs des bataillons, et les transmet au lieutenant-colonel.

Il tient le registre de tir du régiment, celui des jeunes soldats, le livret des munitions, et un cahier des décisions ministérielles qui concernent le tir; il établit le rapport annuel sur le tir.

Il assiste aux exercices de tir des compagnies.

Après chaque séance de tir, il se fait remettre, sans délai, par les sergents-majors, les situations des compagnies, et les garde par devers lui jusqu'à la vérification de l'inspecteur général de tir; il vérifie lui-même, à l'aide de ces situations, les carnets des officiers de tir; il contrôle également les registres des compagnies quand il en reçoit l'ordre du lieutenant-colonel.

Il est chargé de surveiller l'entretien et les réparations de l'armement et du matériel de tir ; la comptabilité reste confiée au lieutenant d'armement.

Si les besoins du service l'exigent, il peut être attaché au dépôt du corps.

Le lieutenant de tir est l'adjoint et le suppléant du capitaine de tir.

Il est attaché à l'instruction théorique et pratique des sous-officiers et des caporaux, ainsi qu'à celle des jeunes soldats. Il remet au chef de bataillon le double des notes qu'il fournit au capitaine instructeur sur les sous-officiers et les caporaux de son bataillon.

Il assiste au tir de toutes les compagnies du bataillon et seconde son chef de bataillon d'une part et le capitaine instructeur de l'autre.

Il tient les registres de tir du bataillon.

Il établit les situations des jeunes soldats pour le tir à la cible, et transcrit sur ses registres les situations de tir des anciens et des jeunes soldats, immédiatement après chaque séance de tir.

Il collationne, tous les mois, les registres de tir des compagnies.

Il est exempt de service de place pendant la durée des exercices de tir ; il le sera aussi de celui de semaine, lorsque le chef de corps le jugera nécessaire.

Dans un bataillon détaché, le lieutenant de tir remplit les fonctions de capitaine instructeur.

Les sous-officiers et les caporaux ayant suivi avec fruit les cours de l'école normale de tir, sont attachés, en nombre suffisant, à l'instruction des jeunes soldats, pendant la période des exercices préparatoires.

Les sergents-majors et les fourriers ne sont pas exceptés de cette mesure.

DEUXIÈME PARTIE.

INSTRUCTION THÉORIQUE ET PRATIQUE DES OFFICIERS, SOUS-OFFICIERS, CAPORAUX ET SOLDATS.

Les officiers doivent connaître toutes les parties de la présente instruction et faire une étude particulière de toutes les questions qui touchent au tir, aux propriétés et à l'usage des nouveaux fusils donnés aux soldats.

A cet effet, six conférences sont faites tous les ans par le capitaine de tir à tous les officiers réunis sous la présidence du lieutenant-colonel.

Les sous-officiers et les caporaux doivent connaître les titres II, III, IV et V de la présente instruction.

Les officiers de tir leur font étudier les parties du titre Ier qui les intéressent.

Les sergents-majors et les fourriers doivent connaître la partie du titre VI qui traite de la tenue des registres de tir.

Tous les ans, l'officier de tir fait aux sous-officiers de son bataillon quelques conférences pour développer leur instruction théorique sur le tir.

Chaque année, les capitaines, lieutenants et sous-lieutenants exécutent, sous la direction du lieutenant-colonel, la série des tirs individuels, telle qu'elle est indiquée dans la présente instruction.

Un détachement de troupe porte sur le terrain les armes et les munitions nécessaires, et les officiers s'y rendent isolément.

Ces tirs sont faits en dehors de ceux de la troupe, les officiers devant s'occuper uniquement de leur compagnie, pendant qu'elle tire.

L'instruction pratique des sous-officiers et des caporaux recommence, tous les ans, quinze jours au moins avant celle de la troupe.

Elle est donnée par le capitaine instructeur, secondé ou suppléé, suivant les circonstances, par le lieutenant de tir de chaque bataillon.

Cette instruction comprend les exercices préparatoires de tir (titre III, 1re partie, et titre V, 1re leçon) et l'appréciation des distances (titre IV).

Les sous-officiers rentrent dans leurs compagnies pour exécuter les tirs simulés et les tirs à balle.

Les anciens soldats passent, chaque année, par tous les degrés de la pratique du tir, en suivant la progression.

Dès son arrivée au corps, l'homme de recrue apprend la nomenclature, le démontage, le remontage et l'entretien de l'arme.

Les exercices préparatoires commencent, au plus tard, dès que l'homme sait charger son arme, et, comme il est important qu'il ne mette jamais en joue sans viser un point déterminé, il devra avoir fait au moins deux séances de pointage au chevalet, avant de poursuivre l'école du soldat.

Les tirs à la cible commencent dès que les jeunes

soldats ont terminé l'instruction préparatoire sur le tir.

Le capitaine instructeur ne fait admettre au tir à la cible que les jeunes soldats dont l'instruction préparatoire ne laisse rien à désirer.

L'instruction militaire des hommes de recrue n'est considérée comme complète que lorsqu'ils ont exécuté le tir à la cible, l'appréciation des distances et les feux d'ensemble, sous la direction du capitaine instructeur; c'est alors seulement qu'ils doivent passer au bataillon, autant, du moins, que les circonstances le permettent.

Les hommes se perfectionnant dans le tir par une pratique constante des exercices préparatoires, les chefs de corps devront les faire reprendre aux anciens comme aux jeunes soldats, toutes les fois qu'ils en trouveront l'occasion.

L'instruction des hommes de la réserve est faite par compagnie. Ces jeunes soldats sont en trop grand nombre et restent trop peu de temps sous les drapeaux pour qu'il soit possible de les faire exercer minutieusement par les officiers de tir. Le but à atteindre n'est pas de leur donner une instruction achevée, mais de les mettre en mesure de faire usage de leurs armes.

On y arrivera, si on ne néglige aucune occasion de ramener ces hommes aux exercices préparatoires, ne fût-ce que pendant quelques minutes, soit dans les chambres, les jours de mauvais temps, soit sur le terrain, au début ou à la fin des autres exercices; si, en un mot, on revient fréquemment sur les principes, sans jamais fatiguer ni rebuter les jeunes soldats par des séances d'une longueur exagérée.

TROISIÈME PARTIE.

MÉTHODE A SUIVRE DANS L'ENSEIGNEMENT DU TIR.

Instruction individuelle.

L'instruction du tireur comprend cinq parties principales :

1° La nomenclature, le démontage, le remontage et l'entretien de l'arme ;

2° Le maniement de l'arme et la charge ;

3° Le pointage et les règles de tir ;

4° L'appréciation des distances ;

5° L'exécution des feux, comprenant les feux simulés et le tir à la cible.

Le jeune soldat apprend, dans l'intérieur de sa compagnie, tout ce qui est relatif à la nomenclature, au démontage, au remontage et à l'entretien de l'arme.

Il apprend par les exercices de l'école du soldat à charger son arme et à la manier avec facilité.

On lui enseigne ensuite les exercices préparatoires de tir, en suivant la progression indiquée au titre III. Cette progression est la méthode la plus rationnelle pour apprendre au soldat à surmonter successivement toutes les difficultés du tir ; elle contient l'instruction théorique strictement nécessaire pour comprendre les règles de tir qui en découlent et le pointage au chevalet.

On habitue ensuite le soldat à placer son arme à l'épaule et à viser dans les positions du tireur.

On lui montre à agir sur la détente et à tirer sans déranger le pointage ni la position.

On habitue ensuite le jeune soldat à la détonation de la poudre et, dans une certaine mesure, au recul de l'arme, en lui faisant tirer quelques cartouches sans balles devant la cible; pour terminer son instruction, on lui fait exécuter la série des tirs à la cible indiquée au tableau nº 4.

Instruction du peloton.

L'instruction du peloton comprend l'exécution des feux de tirailleurs de pied ferme et en marchant, et celle des feux à volonté et à commandement dans le rang.

L'exécution de ces feux est le complément nécessaire de l'instruction du tireur; il doit être accoutumé à la gêne qu'il éprouve dans le rang, aux mouvements de ses voisins, à la fumée qui couvre le front de la troupe, à obéir aux commandements de l'officier qui dirige les feux.

De leur côté, les officiers y apprennent à diriger et à commander le feu, à estimer la valeur relative des différents feux, à juger de l'importance d'un commandement d'exécution fait à propos, enfin à appliquer les principes de l'appréciation des distances.

TITRE II.

NOMENCLATURE, DÉMONTAGE, REMONTAGE ET ENTRETIEN DU FUSIL MODÈLE 1866.

PREMIÈRE PARTIE.

NOMENCLATURE.

Le fusil modèle 1866 peut se diviser en cinq parties principales qui sont :

1° *Le canon*;
2° *La culasse mobile*;
3° *La monture*;
4° *Les garnitures*;
5° *Le sabre-baïonnette*.

1° Canon.

Le *canon* comprend deux parties :

1° *Le canon proprement dit*;
2° *La boîte de culasse*.

1° Dans *le canon* on distingue :

Le tonnerre, — la bouche, — l'âme, — la chambre qui reçoit la cartouche, — les quatre rayures inclinées de droite à gauche et faisant un tour sur 0^m,55. — Le calibre de l'arme est de 11 millimètres.

A l'extérieur du canon :

Le guidon ;
Le petit tenon ;
Le grand tenon et la directrice ;
Le bouton fileté ;
La hausse, qui comprend sept pièces, savoir :

1° *Le pied,* qui présente des gradins pour le placement du curseur aux petites distances ;

2° *Le ressort ;*

3° *La vis de ressort ;*

4° *La planche mobile,* qui porte trois crans de mire dont deux sur la tête et un sur le pied, et qui est graduée pour les distances sur le côté gauche et en millimètres sur le côté droit ;

5° *Le curseur,* qui porte le cran de mire mobile, — son quadrillage ;

6° *L'arrêtoir ;*

7° *La goupille.*

2° *Boîte de culasse.* — La *boîte de culasse* se compose de sept pièces, savoir :

1° *La boîte,* dans laquelle on remarque : l'écrou, — la fente supérieure, — l'échancrure, — le rempart, — les pans, — le trou pour la tête de gâchette, — le trou taraudé pour la vis-arrêtoir, — le tenon de recul, — la queue de culasse, — le trou pour la vis de culasse ;

2° *La vis-arrêtoir ;*

3° *Le ressort de gâchette,* dans lequel on remarque : le talon, — la branche du ressort, — la tête du ressort, — la tête de gâchette, — les ailettes ;

4° *La vis* à tête carrée du ressort de gâchette,
— son embase, — son échancrure;

5° *La petite vis* du ressort de gâchette;

6° *La détente*, dans laquelle on distingue : le
corps, — le talon, — la queue ;

7° *La goupille de détente.*

2° Culasse mobile.

La culasse mobile se divise en deux parties principales :

1° *Le cylindre*;
2° *Le chien.*

1° *Le cylindre.* — Le cylindre comprend quatre
pièces, savoir :

1° *Le cylindre* proprement dit, dans lequel on
remarque : la gorge, — le renfort, — le trou taraudé de la tête mobile, — le levier, — la fente
inférieure, — la fente latérale, — la rainure du
départ, — la rainure de sûreté, — le cran de
l'armé, — le logement de la tête mobile, — le logement du porte-aiguille et du ressort, — le tarau-
dage pour la vis-bouchon, — le grain ;

2° *La tête mobile :* le dard, — le recouvrement,
— la tige, — le collet, — le canal de l'aiguille, —
la chambre ;

3° *La rondelle* en caoutchouc ;

4° *La vis de tête mobile.*

2° *Le chien.* — Le chien comprend douze pièces,
savoir :

1° *Le corps*, dans lequel on distingue : la crête
quadrillée, — le logement pour le galet. — le lo-

gement de la noix, — le trou central, — la fente pour la vis-arrêtoir, — le coude, — la mortaise pour la pièce d'arrêt, — les trous des goupilles;

2° *Le galet*;

3° *La pièce d'arrêt*;

4° *La noix*, qui comprend: le corps, — le trou intérieur, — le plan incliné;

5°, 6° et 7° *Les trois goupilles de ces trois pièces*;

8° *Le porte-aiguille*: l'embase, — la tige, — le T.

9° *Le manchon*: le trou fraisé pour l'aiguille, — le logement du T;

10° *L'aiguille*: la tête, — la tige, — la pointe;

11° *Le bouchon*: la partie filetée, — le carré et son embase, — le trou cylindrique;

12° *Le ressort à boudin*.

3° Monture.

La monture se divise en trois parties:

1° *Le fût*;

2° *La poignée*;

3° *La crosse*.

1° *Le fût*. — On y distingue: le logement du canon, — le logement de la boîte de culasse, — le logement de la gâchette, — la fente pour le passage de la détente, — l'encastrement du tenon de recul, — celui de la queue de culasse, — le canal de la baguette, — l'encastrement des garnitures.

2° *La poignée*; on y remarque l'encastrement de la feuille postérieure du pontet;

3° *La crosse*; on y distingue: le busc, — l'encastrement du battant de sous-garde et de la plaque de couche, — le bec de la crosse, — le talon.

4° Garnitures.

Les garnitures se subdivisent de la manière suivante :

1° *La baguette ;*
2° *L'embouchoir et son ressort ;*
3° *La grenadière et son ressort ;*
4° *La sous-garde,* qui se compose de deux pièces : la pièce de détente et le pontet ;
5° *Le battant de crosse :* embase, — anneau, — pivot, — rosettes ; — rivet ;
6° *La plaque de couche ;*
7° *Les vis à bois,* au nombre de six, savoir: 2 vis de plaque de couche, — 2 vis de battant de crosse, — 2 vis de pontet ;
8° *La vis à écrou de la boîte de culasse.*

5° Sabre-baïonnette.

Le sabre-baïonnette se divise en trois parties principales, savoir :

1° *La monture ;*
2° *La lame ;*
3° *Le fourreau.*

1° *La monture.* — Elle comprend deux parties :

La poignée ; on y distingue: le pommeau, — les cordons, — les rainures, — les logements du ressort et du poussoir, — le poussoir, — le ressort.

La croisière ; on y distingue: la douille, — la fente pour le petit tenon, — les rosettes, — la vis de croisière, — la fente pour la directrice, — le quillon qui sert à former les faisceaux.

2° *La lame.* — On y distingue : la soie, — le talon, — le dos, — les pans creux, — le tranchant, — le biseau, — la pointe.

3° *Le fourreau.* — On y distingue : le corps, — le pontet, — la cuvette et ses battes, — le fond, — les deux rivets, — le bouton.

ACCESSOIRES.

Le nécessaire d'armes se compose de sept pièces, savoir :

1° *La boîte,* dans laquelle on remarque le fond percé d'une fente pour la lame du tourne-vis ;

2° *L'huilier,* comprenant : le vase à l'huile, la vis-bouchon et la rondelle en cuir ;

3° *La lame du tourne-vis ;*

4° *La clef ;*

5° *La trousse en drap,* présentant un compartiment pour la lame du tourne-vis et un deuxième pour la clef ;

6° *La spatule-curette ;*

7° *Le lavoir.*

Le soldat doit avoir en outre :

Pièces de rechange.
- Un ressort à boudin ;
- Deux aiguilles ; } dans un étui en fer-blanc.
- Une tête mobile ;
- Une rondelle en caoutchouc ;

De la graisse ;
Une pièce grasse en drap ; } dans une boîte en fer-blanc.
Une brosse douce à graisser ;
Quelques morceaux de vieux linge ;
Des curettes de bois tendre.

Chaque soldat est pourvu d'un nécessaire d'armes. Le chef d'escouade possède, en outre, une *grande curette en acier.*

RENSEIGNEMENTS DIVERS.

La cartouche se compose de trois parties principales, savoir :

1° *L'amorce;*
2° *L'étui à poudre;*
3° *La balle et son cône.*

Poids de la balle. 24gr,50
— de la charge de poudre . . . 5 25
— de la cartouche 32 00
Poids du fusil sans sabre-baïonnette . . . 4k,054
— avec sabre-baïonnette . . . 4 687
Poids du sabre-baïonnette avec son fourreau 1 033
Longueur du fusil sans sabre-baïonnette. 1m,30
— avec sabre-baïonnette. 1 88

DEUXIÈME PARTIE.

DÉMONTAGE, REMONTAGE ET ENTRETIEN DU FUSIL.

L'entretien des armes par les soldats comprend deux parties :

1° *Le démontage et le remontage;*
2° *Le nettoyage et le graissage.*

1° DÉMONTAGE ET REMONTAGE.

Ordre suivant lequel s'opère le démontage:

1° *Le sabre-baïonnette;*
2° *La bretelle;*
3° *La baguette;*
4° *La vis-arrétoir*, qui ne doit être desserrée que de trois filets;
5° *La culasse mobile;* il faut presser sur la détente quand on retire la culasse mobile de la boîte; la culasse mobile doit être retirée avec précaution et la gâchette doit être suffisamment abaissée pour ne pas être rencontrée par la tête mobile et la rondelle qu'elle dégraderait si elle faisait saillie sur le fond de la boîte de culasse;
6° *La vis de culasse;*
7° *L'embouchoir;*
8° *La grenadière;*
9° *Le canon;*
10° *La vis de ressort de gâchette;*
11° *Le ressort de gâchette et la détente* (ils ne doivent jamais être séparés).

12° *Les deux vis de sous-garde;*
13° *Le pontet;*
14° *La pièce de détente.*

Ces pièces ne seront démontées que sur l'ordre d'un sous-officier ou d'un officier.

Les pièces doivent être rangées par ordre au fur et à mesure qu'on les démonte.

Le remontage s'opère dans l'ordre inverse du démontage. Avoir soin de mettre à fond la vis de ressort de gâchette.

Les pièces non indiquées dans cette nomenclature ne doivent jamais être démontées par le soldat; elles sont nettoyées en place.

Ordre à suivre pour démonter la culasse mobile.

1° Mettre le chien à l'abattu;

2° Dévisser le bouchon avec la clef de la lame du tourne-vis, en tenant le levier dans la main gauche et retirer le chien du cylindre;

3° Saisir le ressort à boudin près du manchon avec le pouce et le premier doigt de la main gauche, appuyer la tête du chien contre la poitrine, faire effort pour ramener légèrement le ressort en arrière; enlever avec la main droite l'aiguille et son manchon;

4° Séparer l'aiguille et le manchon;

5° Le ressort à boudin;

6° Le bouchon;

7° Desserrer la vis-arrêtoir de la tête mobile, sans la retirer de son trou;

8° La tête mobile et la rondelle en caoutchouc;

9° Séparer la tête mobile de la rondelle en caoutchouc.

Remontage de la culasse mobile.

Le remontage s'opère dans un ordre inverse, en observant les recommandations suivantes:

Pour placer le manchon sur le porte-aiguille: tenir l'aiguille entre le pouce et l'index, en appuyant le médium sur le manchon pour maintenir la tête de l'aiguille dans son logement, coiffer avec le manchon le T du porte-aiguille en faisant légèrement effort sur le ressort à boudin.

Pour réunir le chien au cylindre: tenir le cylindre verticalement et par le levier avec la main gauche, engager avec précaution l'aiguille dans l'intérieur du cylindre, de manière à ne pas émousser la pointe, engager la pièce d'arrêt dans la rainure de départ, tenir la culasse mobile horizontalement dans la main gauche, prendre la clef avec la main droite et serrer le bouchon jusqu'à ce qu'il porte à fond sur le cylindre.

Pour replacer la culasse mobile dans la boîte : amener le chien dans la direction du renfort, introduire la culasse mobile dans la boîte en appuyant sur la détente pour faire descendre la gâchette, rabattre le levier à droite, désarmer et serrer la vis-arrêtoir.

Règles générales à observer.

Pour détacher le canon du bois quand on a enlevé l'embouchoir, la grenadière et la vis de culasse, il faut renverser l'arme dans la main gauche, la sous-garde en-dessus, la bouche du canon vers la terre, frapper avec la main droite sur la poignée jusqu'à ce que le canon soit dégagé de son canal, et le maintenir avec les doigts de la main gauche; l'enlever tout à fait de la main droite.

Le soldat ne doit jamais frapper aucune pièce de ses armes avec la virole du manche de tournevis ou avec tout autre objet en fer, parce qu'il occasionnerait ainsi des mutilations.

Les pièces de la sous-garde ne doivent être démontées que sur l'ordre d'un sous-officier ou d'un officier, et cet ordre ne doit être donné que lorsque le démontage est reconnu indispensable.

Il est absolument interdit de chercher à séparer le canon et la boîte de la culasse dans l'intérieur des compagnies, sous quelque prétexte que ce soit.

Il est essentiel, en replaçant le ressort de gâchette sous le canon, de bien serrer à fond la vis du ressort; en négligeant cette recommandation, on courrait le risque de diminuer la saillie de la gâchette sur le fond de la boîte de culasse et de ne plus donner un arrêt suffisant au cran de la noix.

En général, toutes les vis doivent être serrées à fond.

La plaque de couche, les ressorts de garniture et le battant de crosse doivent toujours être nettoyés en place.

Il est interdit d'ôter les vis de plaque, les vis de battant de crosse et la vis de croisière du sabre-baïonnette.

2° NETTOYAGE ET GRAISSAGE.

Canon. — Après le tir, lorsque le soldat devra laver son arme, il séparera le canon de la monture, et, après avoir fixé au bout fileté de la baguette le lavoir, dans lequel il aura passé une bande de linge de 3 centimètres environ de largeur, il plongera la bouche du canon dans de l'eau contenue dans un baquet en bois, si c'est possible, pour ne pas dégrader le canon, et il lavera l'âme en enfonçant le lavoir par le tonnerre et en imprimant à la baguette un mouvement de va-et-vient; il changera l'eau jusqu'à ce que tous les résidus de poudre soient enlevés. Il fera ensuite égoutter le canon, la bouche en bas; il enlèvera le linge mouillé qu'il remplacera par un linge sec, et il essuiera l'âme jusqu'à ce qu'il ne reste plus d'humidité. Il graissera ensuite le canon intérieurement et extérieurement avec un morceau de drap imprégné de graisse.

Culasse mobile. — La culasse mobile doit être l'objet des soins soutenus et attentifs du soldat et de la surveillance incessante des officiers et des sous-officiers.

Après le tir, le soldat démontera entièrement la culasse mobile; le cylindre sera lavé à l'eau, puis essuyé et graissé convenablement à l'intérieur et à l'extérieur; l'aiguille, le manchon, le ressort à boudin, le bouchon et le chien seront soigneusement essuyés, puis graissés. La rondelle de caoutchouc ne doit jamais être graissée, ni huilée; elle sera essuyée avec un linge sec, sans jamais être grattée avec l'ongle ou avec un instrument quelconque. On évitera autant que possible de laver la tête mobile, à cause de la difficulté de l'essuyer convenablement à l'intérieur; le soldat se bornera à y introduire, à l'aide de la spatule, une ou deux gouttes d'huile par l'orifice antérieur. Les filets du bouton seront graissés avant de remettre en place cette pièce.

Monture. — Essuyer la monture avec un linge sec, et, au besoin, la frotter avec un morceau de drap imbibé d'huile.

Pièces en fer et en acier non rouillées. — Les frotter avec un linge sec, puis les passer à la pièce grasse.

Pièces rouillées. — Si les pièces sont légèrement rouillées, les frotter avec un linge couvert de brique brûlée, pulvérisée, tamisée et délayée dans de la graisse. Si les pièces sont fortement rouillées, employer l'émeri préparé comme la

1.

brique, et frotter avec des curettes de bois tendre ou avec une brosse rude. Essuyer ensuite les pièces avec un linge sec et ne jamais laisser ni émeri, ni brique, ni aucune autre substance dans les trous des vis ou dans les encastrements. Quand on frotte le canon ou la lame du sabre, les poser à plat sur une table ou sur un banc, afin de ne point les fausser. Finir par le graissage des pièces.

Pièces en cuivre. — La poignée du sabre-baïonnette se nettoie avec du tripoli ou de la brique pilée et un peu de vinaigre ou d'eau-de-vie. Frotter avec un linge ou un morceau de drap, jamais avec une brosse ou une curette.

Observations.

Le poli brillant pour les pièces en fer et en acier est expressément défendu ; les pièces, légèrement onctueuses, doivent être d'un blanc mat.

Les pièces en cuivre ne doivent jamais être graissées.

On aura soin de mettre une goutte d'huile à toutes les pièces qui éprouvent un frottement.

Dans les chambres, les armes sont toujours déchargées et à l'abattu.

Le chien doit toujours être au cran de sûreté quand l'arme est chargée et qu'on ne veut pas tirer immédiatement.

Le chien est mis au cran de sûreté pour tous les exercices.

Quand une arme n'est pas en service, on doit enlever la rondelle de caoutchouc. Cette précaution a pour but de prévenir l'oxydation du métal qui résulterait du contact du caoutchouc et de la boîte de culasse par des temps ou dans des lieux humides.

Visite des armes avant le tir.

Avant chaque tir, et en général toutes les fois que la troupe prend les armes, les sergents de demi-section doivent s'assurer que les armes sont en parfait état, et que le mécanisme de la culasse mobile fonctionne bien.

Leur attention se portera particulièrement:

1° Sur la vis-bouchon, qui doit être serrée à fond;

2° Sur l'aiguille, qui ne doit être ni faussée, ni émoussée et qui doit avoir la saillie réglementaire. Cette saillie, le chien étant à l'abattu, doit être de 9 millimètres, mais ne peut pas être au-dessous de 8 millimètres;

3° Sur la tête mobile, qui ne doit pas être ébréchée et dont le jeu ne doit pas être entravé par une pression trop forte de la vis-arrêtoir;

4° Sur la rondelle en caoutchouc, qui doit être dans un état de conservation suffisant pour fermer toute issue aux gaz.

TITRE III.

POINTAGE ET RÈGLES DE TIR.

Pointage sur chevalet.

L'instruction du pointage est divisée en trois articles :

Art. 1er. Pointage sur chevalet avec la ligne de mire de 200 mètres.

Art. 2. Théorie sommaire du tir, étude de la hausse, maniement du curseur.

Art. 3. Pointage avec une ligne de mire quelconque, règles de tir.

Nota. Les hommes n'ont pas de sac et ne mettent pas le sabre-baïonnette au bout du canon.

ARTICLE 1er.

POINTAGE SUR CHEVALET AVEC LA LIGNE DE MIRE DE 200 MÈTRES.

L'instructeur réunit huit hommes au plus. Il place un fusil sur le chevalet de pointage (1) et dirige la ligne de mire de 200 mètres sur un point

---

(1) On peut remplacer le chevalet de pointage par un sac à terre, placé soit sur un banc, soit sur un faisceau, soit sur trois bâtons liés ensemble de manière à former un faisceau.

des murs ou des fenêtres marqué par un pain à cacheter ou de toute autre manière; il a soin de placer la hausse et le guidon de telle sorte que ces parties de l'arme ne penchent ni à droite ni à gauche.

L'instructeur montre aux hommes *les deux points qui déterminent la ligne de mire, c'est-à-dire le sommet du guidon et le fond du cran de la hausse*; il leur explique que, pour pointer, il suffit de mettre ces deux points et celui que l'on doit viser sur le même alignement; que, par conséquent, il ne faut pas regarder ces trois points avec les deux yeux, mais avec un seul, l'œil droit, en fermant pour cela l'œil gauche.

L'instructeur prescrit ensuite aux hommes de regarder, l'un après l'autre, en fermant l'œil gauche et en se plaçant en arrière de la crosse sans la toucher, le fond du cran de hausse, le sommet du guidon et le milieu du pain à cacheter sur lequel la ligne de mire a été préalablement dirigée, et de s'assurer par eux-mêmes que ces trois points sont bien sur le même alignement. L'instructeur, après avoir dérangé le fusil, prescrit successivement à chaque soldat de viser le point désigné; il vérifie le pointage, indique à chaque homme, s'il y a lieu, les erreurs qu'il a commises, en lui faisant voir que la ligne de mire n'est pas dirigée convenablement et qu'elle passe au-dessus ou au-dessous, à droite ou à gauche du point qu'il fallait viser. Après avoir rectifié le pointage exécuté par chaque soldat, l'instructeur a soin de déranger le fusil.

Les hommes pointent en se plaçant en arrière de la crosse et en faisant mouvoir l'arme avec la main droite.

L'instructeur répète ensuite le même exercice;

mais, au lieu de rectifier d'abord par ses propres yeux le pointage exécuté à tour de rôle par chaque soldat, il le fait vérifier successivement par tous les autres, en demandant à chacun si la ligne de mire passe à droite ou à gauche, au-dessus ou au-dessous du point désigné. Lorsque tous les hommes ont exprimé leur opinion, l'instructeur donne la sienne et corrige ainsi toutes les erreurs qui auraient pu être commises. L'instructeur fait recommencer cet exercice autant de fois qu'il est nécessaire; il signale aux officiers de la compagnie le degré d'intelligence qu'a montré chaque homme dans cet exercice. — Quand le terrain le permettra, on fera viser le centre du cercle noir d'une cible réglementaire placée à 200 mètres.

Observations.

Quelques hommes parviennent difficilement à fermer l'œil gauche; on les y exercera jusqu'à ce qu'ils arrivent à le fermer sans effort, car c'est alors seulement que la vision de l'œil droit est parfaitement nette.

L'opération de diriger la ligne de mire sur un point est complexe; pour pointer, il faut placer l'œil, le cran de mire, le guidon et le point à viser dans la même direction; quelque prompt que soit un tireur pour exécuter cette opération, il doit la faire dans un ordre méthodique, c'est-à-dire que, sans se préoccuper du but, il doit d'abord mettre son œil dans le prolongement de la ligne de mire, puis faire mouvoir l'arme, son œil restant lié aux mouvements de la ligne de mire, pour amener cette ligne à passer par le point déterminé.

La première de ces deux opérations, prendre la ligne de mire, mérite une attention toute particulière de la part du tireur; il faut, en effet, observer qu'il est matériellement impossible de mettre l'œil sur le prolongement de la ligne qui passe par le fond du cran de mire et le sommet du guidon, car le guidon est alors complétement caché.

Pour l'apercevoir, il faut élever légèrement l'œil au-dessus de cette ligne, de manière qu'une certaine quantité de guidon se détache dans le fond du cran de mire; cette quantité de guidon est variable avec les tireurs, la majorité vise cependant à guidon demi-plein (1); c'est cette manière de viser que les instructeurs auront soin d'indiquer aux jeunes soldats.

Enfin, le tireur doit diriger la ligne de mire de manière à bien découvrir le but.

ARTICLE 2.

1° THÉORIE SOMMAIRE DU TIR, ÉTUDE DE LA HAUSSE;
2° MANIEMENT DU CURSEUR.

1° Tout corps, quelles que soient, du reste, sa direction initiale et la force avec laquelle il est lancé, finit toujours par retomber à terre; mais la distance à laquelle il tombe du point de départ est variable avec l'angle de départ et la force d'impulsion; *cette distance est ce qu'on nomme la portée.*

Le trajet que parcourt le corps pour arriver à terre est aussi variable avec ces deux éléments; mais, dans tous les cas, ce trajet est une ligne

____

(1) En visant à guidon demi-plein, on découvre, à peu près, 1^{mm} 1/2 de guidon.

courbe, ainsi qu'on peut s'en rendre compte en lançant des pierres ou des objets quelconques; *cette ligne parcourue s'appelle trajectoire.*

Reportons-nous à ce que fait un homme qui veut atteindre un but avec une pierre: il commence par mesurer de l'œil la distance qui le sépare de ce but; puis il combine la force dont il dispose avec la direction en hauteur qu'il va donner à cette pierre; il fait varier cette direction en raison de l'éloignement du but, car il sait par expérience que, plus ce but est éloigné, plus la pierre devra s'élever, dans certaines limites, pour venir l'atteindre.

C'est le même fait qui se produit dans un fusil, où, la balle s'élevant d'abord graduellement par rapport à la ligne de mire, s'en rapproche ensuite pour venir la rejoindre après avoir décrit sa trajectoire, et le point où elle la rejoint est d'autant plus éloigné, que la balle se sera élevée davantage par rapport à la ligne de mire.

On voit par là que, pour augmenter la portée, il faut augmenter l'angle que forme le canon avec la ligne de mire; la portée d'une balle varie donc avec l'inclinaison que l'on donne au canon par rapport à la ligne de mire, et à chaque distance correspond une inclinaison déterminée.

Les hausses dont sont pourvus les fusils servent précisément à régler cette inclinaison: suivant que le curseur est plus ou moins élevé le long de la planche, le canon a une inclinaison plus ou moins grande.

Afin que les hommes soient bien pénétrés de cette vérité, l'instructeur fera placer un fusil sur un chevalet: il montrera où aboutissent les différentes lignes de mire sur une cible placée à une certaine distance (20 mètres environ), et il fera remarquer qu'en visant le même point de la cible avec les différentes lignes de mire, le bout du canon s'élève d'autant plus que la hausse dont on se sert est plus grande et correspond à une distance plus considérable.

Le même exercice servira à montrer aux hommes que la cible sera atteinte d'autant plus haut ou d'autant plus bas, que la hausse employée sera plus forte ou plus faible, et on s'efforcera de leur faire comprendre que si la hausse dont on se sert était trop forte ou trop faible, ou si elle n'existait pas, on pourrait encore atteindre ce but, en visant alors des quantités convenables, soit au-dessous, soit au-dessus du but.

2° Maniement du curseur.

Au commandement d'avertissement qui indique la distance, coucher la planche en avant ou en arrière, suivant le cas, saisir les rebords du curseur avec le pouce et le premier doigt de la main droite, et le faire jouer pour l'amener à la place qu'il doit occuper ; lever la hausse, si la distance indiquée l'exige.

Quand on devra porter les armes, on rabattra la hausse après avoir désarmé.

ARTICLE 3.

1° POINTAGE AVEC UNE LIGNE DE MIRE QUELCONQUE ;
2° RÈGLES DE TIR.

1° Lorsque les hommes sauront disposer le curseur, l'instructeur leur apprendra à pointer aux différentes distances, en s'occupant d'abord de celles qui sont indiquées sur la hausse et en employant ensuite les distances intermédiaires.

L'instructeur commandera :

1° *A tant de mètres.*
2° JOUE.

2° Règles de tir.

On ne fera retenir aux soldats que les cinq règles suivantes :

Viser le centre du but ou la ceinture d'un homme :

1° Jusqu'à 250 mètres, avec la mire de 200 mètres ;

2° Entre 250 et 350 mètres, avec la mire de 300 mètres ;

3° Entre 350 et 450 mètres, avec la mire de 400 mètres ;

4° Entre 450 et 550 mètres, avec la mire de 500 mètres.

5° Pour toute distance plus grande que 550 mètres, élever le curseur jusqu'à ce que le bord supérieur gauche soit arrivé au trait qui marque la distance estimée.

Observations.

On ne prescrit pas l'emploi des lignes de mire de 125 et de 350 mètres, pour simplifier les règles de tir à faire retenir aux soldats ; on peut, dans les circonstances habituelles, se passer de ces lignes de mire, qui ont leur utilité lorsqu'il s'agit de faire un tir de précision à 125 ou à 350 mètres.

On donne l'instruction du pointage en faisant comprendre aux hommes que le but est censé placé aux distances pour lesquelles on leur fait appliquer les règles de tir. Il est bon, cependant, si le terrain le permet, de les exercer aussi à pointer sur des cibles placées réellement aux distances indiquées.

TITRE IV.

APPRÉCIATION DES DISTANCES ET APPLICATION DES RÈGLES DE TIR.

Pour appliquer les règles de tir d'une arme quelconque, le tireur doit connaître la distance qui le sépare du but à atteindre.

Dans les tirs d'instruction, on fixe et on mesure la distance à laquelle la cible doit être placée; mais en face de l'ennemi, la distance est ignorée de tous, et il devient indispensable de l'apprécier à la vue simple, le plus promptement et le plus exactement possible, afin de régler le tir en conséquence.

L'appréciation d'une distance à la vue simple est le résultat de la comparaison de cette distance avec une distance connue.

L'instruction sur l'appréciation des distances commence par des observations faites au tir à la cible à toutes les distances réglementaires et par des exercices ayant pour objet la mesure au pas de distances comprises dans les limites de la portée des armes.

Lorsque les tireurs ont acquis l'habitude de mesurer toute sorte de terrains et que ces exercices leur ont fourni l'occasion d'un grand nombre d'observations, on leur fait apprécier des distances à la vue simple et appliquer immédiatement la règle de tir dont chaque distance appréciée nécessite l'emploi.

En procédant ainsi, on forme le coup d'œil du soldat et on lui enseigne à choisir, sans hésitation, la ligne de mire qui correspond à la distance.

L'instruction sur l'appréciation des distances se divise en quatre articles :

Art. 1er. Observations à faire au tir à la cible.

Art. 2. Étalonnage du pas.

Art. 3. Mesure des distances au pas et observations sur les distances mesurées.

Art. 4. Appréciation des distances à la vue simple et application des règles de tir.

Les hommes sont équipés et armés, ils ne portent pas le sac; on forme les faisceaux pour l'exécution des articles 2 et 3.

Les commandants de compagnie et les officiers de tir fractionnent leur troupe en raison de l'effectif, de la nature des exercices ou de la disposition des lieux.

Les officiers, tout en dirigeant la troupe, s'attachent eux-mêmes à étudier le terrain et à prendre l'habitude de régler le tir avec promptitude et précision.

ARTICLE 1er.

OBSERVATIONS À FAIRE AU TIR À LA CIBLE.

Avant de faire commencer le feu, ou pendant qu'on répare les cibles, l'instructeur, ayant indiqué la distance et la règle de tir correspondante, attire l'attention des soldats sur le terrain qui s'étend entre eux et la cible et sur les hommes de corvée qui se tiennent au pied de la butte; il leur recommande de tâcher de se rendre compte de l'impression qui est produite sur eux par le terrain, par les objets et par les hommes.

Ensuite, il leur fait faire à droite, à gauche, demi-tour, et leur fait indiquer autour d'eux les points qui leur paraissent situés à la même distance que la cible.

On ne saurait fixer par des règles absolues et invariables les détails d'exécution qui peuvent convenir à de semblables exercices; mais il importe que les officiers soient pénétrés de leur utilité et s'attachent à faire faire à leurs hommes et à faire, pour leur propre compte, des observations fructueuses.

ARTICLE 2.

ÉTALONNAGE DU PAS.

L'instructeur fait mesurer en ligne droite, avec un cordeau, une longueur de 100 mètres, dont les extrémités sont marquées par des jalonneurs.

Il ordonne aux hommes de parcourir cette distance à leur allure naturelle, en comptant les pas.

Il les fait partir l'un après l'autre, en les espaçant assez pour qu'ils ne se gênent pas mutuellement.

Il leur fait répéter cette opération cinq ou six fois et prend note, à chaque parcours, du nombre de pas compté par chacun; puis il prend la moyenne pour chaque soldat et lui fait connaître le nombre de pas qu'il doit compter comme mesure de la distance de 100 mètres.

Il en déduit le nombre de pas que l'homme doit faire pour mesurer 10 mètres, et le lui fait également connaître.

ARTICLE 3.

MESURE DES DISTANCES AU PAS ET OBSERVATIONS SUR LES DISTANCES MESURÉES.

Un homme, dont l'allure est régulière, peut mesurer une distance au pas avec une assez grande approximation.

A mesure que chaque homme a parcouru le nombre de pas qui représente pour lui 100 mètres, il marque 100 mètres, et continue à compter et à marquer 200 mètres, 300 mètres, etc.

Quand il suppose se trouver à moins de 100 mètres du but, il note avec soin le nombre de centaines de mètres parcourus et compte par dizaines comme il a compté par centaines.

Lorsque enfin il suppose se trouver à moins de 10 mètres du but, il compte par unités, chaque pas étant censé représenter un mètre.

Arrivé au but ou au jalonneur qui marque l'extrémité de la ligne, il ajoute les unités aux dizaines et aux centaines et fait inscrire le total par le sergent-major ou le fourrier placé au but.

Un homme peu intelligent est exposé, en comptant les dizaines, puis les unités, à oublier les centaines et les dizaines comptées; on pourra lui faire compter simplement le nombre total de pas, que les sergents ou l'officier de section traduiront en mètres, à l'échelle de l'homme.

On exercera les hommes à mesurer des distances de plus en plus grandes jusqu'à la limite de portée du fusil.

Pour faire cet exercice, les hommes partent l'un après l'autre, à l'avertissement d'un sergent; et se reforment en peloton, à l'extrémité de la ligne, au fur et à mesure de leur arrivée.

Aussitôt que le dernier homme du détachement s'est mis en mouvement, un sergent, aidé de deux soldats porteurs d'un cordeau de 25 mètres et d'un double mètre, mesure exactement la distance. A son arrivée, l'instructeur fait connaître aux hommes la distance réelle.

On considère comme ayant bien mesuré la distance le soldat qui ne s'est pas trompé de plus de 3/100.

A chaque parcours, avant le départ et après l'arrivée, l'instructeur fait faire aux soldats les mêmes observations qu'au tir à la cible; à cet effet, il place un jalonneur ou un groupe d'hommes aux extrémités des distances à mesurer.

Article 4.

APPRÉCIATION DES DISTANCES A LA VUE SIMPLE ET APPLICATION DES RÈGLES DE TIR.

Feux simulés sur une troupe à rangs serrés.

La compagnie est partagée en deux sections.

Les sections, conduites par leurs chefs, s'éloignent l'une de l'autre en marchant de front ou par le flanc et dans une direction quelconque; la marche est rectiligne ou sinueuse; on exécute souvent des conversions; en un mot, on fait en sorte qu'il soit impossible de déduire la distance du nombre de pas faits pendant le mouvement.

Le capitaine, qui se porte à son gré à l'une des deux sections, fait battre ou sonner *halte*, quand il les juge suffisamment espacées; aussitôt les sections sont arrêtées et alignées face à face.

Les chefs de section commandent :

    1. *Feu de peloton.*
    2. *Peloton*—ARMES.
    3. *Disposez la hausse.*
    4. JOUE.
    5. FEU.
    6. *L'arme au pied.*
    7. *Premier rang, quatre pas en avant.*
    8. MARCHE.

Au commandement de *disposez la hausse*, les hommes choisissent eux-mêmes la hausse qui convient à la distance.

Pendant les premiers exercices, les officiers laissent un intervalle suffisant entre le commandement de *disposez la hausse* et celui de *joue*, pour éviter que les tireurs, agissant avec trop de précipitation, ne placent le curseur au hasard ; mais, plus tard, il faut arriver à ne laisser entre ces deux commandements qu'un intervalle de dix secondes environ.

Les rangs étant ouverts, deux sergents, un dans chaque subdivision, prennent note de la distance estimée, en passant devant les rangs et en lisant eux-mêmes la graduation marquée par le curseur ; à cet effet, chaque soldat présente l'arme avec la main gauche, le canon en dehors.

Dès que le feu simulé est terminé, chaque chef de section désigne, pour aller mesurer la distance, un caporal ayant une allure régulière : les deux caporaux se mettent en marche dans la direction l'un de l'autre, en mesurant la distance comme il est prescrit à l'article 3 ; quand ils se rencontrent, le plus ancien fait la somme des deux mesures partielles et la fait signaler, à 5 mètres près, par un clairon ou par un tambour qui l'a accompagné.

Le clairon indique la distance par autant de coups de langue traînants qu'elle contient de centaines de mètres, et par autant de coups de langue brefs qu'elle contient de dizaines en sus des centaines ; il laisse un intervalle suffisant entre les deux espèces de coups de langue.

Le tambour fait un roulement pour chaque centaine et donne un coup de baguette pour chaque dizaine de mètres.

Quand le nombre des unités est plus petit que 5 ou égal à 5, le caporal le néglige ; quand ce nombre est plus grand que 5, il fait signaler une dizaine de plus.

Chaque sergent est porteur d'un contrôle des hommes de sa subdivision ; pour chaque distance, il inscrit dans une colonne l'appréciation de chaque homme et il porte, en tête de cette même colonne, la distance réelle dès qu'elle a été mesurée.

La dernière colonne est destinée à recevoir une note, dans laquelle l'officier de section ou l'officier de tir résume le degré d'habileté de chaque soldat à apprécier les distances à la vue simple. Celui-ci sera réputé instruit, quand il emploiera généralement, jusqu'à 500 mètres, la hausse qui convient à la distance d'après les règles de tir, et quand, au delà de 500 mètres, il commettra habituellement une erreur inférieure à 1/10 de la distance.

La distance étant mesurée et les inscriptions achevées, le capitaine fait sonner ou battre *en avant* ; les chefs de section remettent leurs sections en marche, en se conformant aux indications qui précèdent.

A la batterie ou à la sonnerie de *halte*, ils s'arrêtent, alignent leurs sections et commandent le feu.

Les distances varient entre 200 et 1000 mètres.

Dans chaque séance, on doit faire au moins cinq feux simulés.

Feux simulés sur une ligne de tirailleurs.

Le capitaine fait exécuter, d'après les mêmes règles, des feux simulés sur une ligne de tirailleurs.

Lorsqu'il juge les sections suffisamment espacées, il fait battre ou sonner: *halte* et: *en tirailleurs*.

Les chefs de section font déployer sur le centre, commandent: *Commencez le feu*, et presque aussitôt après: *Cessez le feu*, — *rassemblement sur le centre*.

La vérification des hausses se fait dès que les tirailleurs sont rassemblés.

Lorsque les dimensions du polygone le permettent, on fait porter quelquefois les sections à de grandes distances, à 1200 ou 1500 mètres l'une de l'autre; on les déploie en tirailleurs face à face, on les fait marcher en avant, en ne faisant commencer le feu qu'à bonne portée; puis on arrête les lignes et on vérifie les hausses, après avoir mesuré les distances.

Quand le terrain n'offre pas d'abris, on fait prendre fréquemment aux hommes les positions à genou ou couchée: on les exerce ainsi à ce qu'ils doivent réellement faire devant l'ennemi.

TITRE V.

PRATIQUE DU TIR.

PREMIÈRE LEÇON.

Art. 1er. — Chargement de l'arme.

Art. 2. — Position du tireur debout. — Placement de l'arme à l'épaule. — Pointage avec toutes les lignes de mire. — Feu simulé par le départ du chien.

Art. 3. — Position du tireur à genou et pointage.

Art. 4. — Position du tireur couché et pointage.

Art. 5. — Tir simulé avec des cartouches sans balles.

ARTICLE 1er.

CHARGEMENT DE L'ARME.

Voir l'École du soldat, de 1 à 25 (Instruction du 20 septembre 1867).

Nota. — Les positions sont extraites littéralement de l'École du soldat.

ARTICLE 2.

POSITION DU TIREUR DEBOUT. — PLACEMENT DE L'ARME
A L'ÉPAULE. — POINTAGE AVEC TOUTES LES LIGNES
DE MIRE. — FEU SIMULÉ PAR LE DÉPART DU CHIEN.

L'instructeur commandera :

Position du tireur debout
Apprêtez — VOS ARMES.

Un temps et trois mouvements.

Premier et deuxième mouvement, comme les
deux mouvements du premier temps de la *charge*.

Troisième mouvement.

Armer, rabattre le levier à droite, et saisir l'arme
à la poignée avec la main droite, la deuxième phalange du premier doigt en avant de la détente sans
la toucher.

Les hommes étant dans la position du troisième
mouvement d'*apprêtez vos armes*, l'instructeur
commandera :

Jour.

Un temps et un mouvement.

Élever l'arme avec les deux mains sans brusquer
le mouvement, le corps restant d'aplomb, la tête
droite; appuyer la crosse contre l'épaule, le coude
gauche abattu, le droit à l'hauteur de l'épaule; fermer l'œil gauche, et diriger la ligne de mire sur le
but en penchant le moins possible la tête à droite.

Lorsque l'instructeur voudra faire reprendre la position d'apprêtez vos armes, il commandera:

Replacez = VOS ARMES.

Un temps et un mouvement.

À ce commandement, reprendre la position du troisième mouvement d'*apprêtez vos armes*.

Observations.

Dans la position du tireur debout, la pointe du pied droit doit être rentrée, afin que l'épaule du même côté se présente carrément pour servir d'appui à la crosse. — En appuyant la crosse contre l'épaule, on diminue le recul et on obtient une plus grande stabilité qu'en cherchant uniquement à soutenir l'arme. — La main droite doit maintenir solidement l'arme à la poignée, le premier doigt ne participant pas à la pression de la main et restant prêt à agir par la deuxième phalange. — Le coude gauche doit être abattu, pour soutenir l'arme avec moins de fatigue ; le coude droit doit être à hauteur de l'épaule, afin d'amener la ligne de mire à hauteur de l'œil sans trop baisser la tête pour aller la chercher. — Pendant tout le temps que l'homme est en joue, il doit s'efforcer de maintenir la ligne de mire sur le point visé en retenant sa respiration et commencer à fermer le doigt, pour le mettre en contact avec la détente.

Placement de l'arme à l'épaule. — Manière de donner l'instruction.

Lorsque l'instructeur veut enseigner aux hommes

la position du tireur debout, il commence par détailler la position, puis il la fait prendre par chaque homme, en commençant par la droite du rang; il s'approche du soldat, lui place, en la soutenant, l'arme à l'épaule, la lui fait saisir d'abord avec la main droite, puis avec la main gauche; il vérifie alors si toutes les parties du corps sont bien placées et si l'arme est solidement maintenue; ensuite, il abandonne l'arme et prescrit à l'homme de serrer la plaque de couche contre l'épaule, en exerçant une traction continue avec les deux bras. Lorsque le soldat sait maintenir son arme à l'épaule pendant quelques secondes, l'instructeur l'exerce à la placer lui-même, en lui venant en aide, au besoin; on reconnaît que l'arme est bien placée à l'épaule, lorsque, le bras droit pendant, le côté extérieur de la plaque de couche se trouve à environ un travers de doigt de la couture de la manche et que le talon affleure à peu près la partie la plus haute de l'épaule; cependant cette position n'a rien d'absolu, on doit la modifier suivant la conformation des hommes.

Lorsque l'instructeur passe d'un soldat à un autre pour enseigner cette position, il prescrit à celui qu'il vient de quitter de la reprendre lui-même, autant de fois qu'il le pourra, sans armer.

L'instructeur fait faire ensuite le même exercice par tous les hommes à la fois et leur adresse des observations pour rectifier leur position.

Cet exercice gymnastique, qui sert à fortifier et à assouplir les muscles des épaules, des bras et des mains, ainsi qu'à bien placer l'arme à l'épaule, pourra se faire dans les chambres.

Pointage avec toutes les lignes de mire.

Lorsque les hommes sont convenablement exercés, on leur fait prendre la ligne de mire de 200 mètres et exécuter complétement le mouvement de joue en leur indiquant le point qu'ils doivent viser; on leur recommande de diriger la ligne de mire au-dessous du point désigné, d'élever lentement le guidon jusqu'à ce que la ligne de mire passe par ce point, et de l'y maintenir en retenant la respiration et conservant, autant que possible, l'immobilité de l'arme.

L'instructeur fera ainsi pointer, d'abord avec la ligne de mire de 200 mètres, puis successivement avec toutes les lignes de mire de l'arme, par les commandements :

A tant de mètres.

Joue.

Ces commandements seront exécutés comme il est prescrit à l'École du soldat, article 180.

Observations.

Pendant tout le cours de ces exercices, l'instructeur s'attache à rectifier les défauts des hommes; il vérifie souvent la régularité du pointage en faisant diriger la ligne de mire sur son œil droit, et remet au pointage sur chevalet les hommes qui pointent mal.

Il est impossible d'obtenir l'immobilité absolue de l'arme; mais, après quelques exercices, on di-

minuera l'amplitude des lacets de la ligne de mire
et on devra arriver à ne s'écarter du point visé,
pendant un temps assez court il est vrai, que de
quantités insignifiantes.

Enfin l'instructeur observera que, dans le tir
aux grandes distances, on ne peut pas épauler
conformément aux principes précédemment in-
diqués et qu'il faut suffisamment baisser le coude,
l'épaule et la crosse, pour que l'homme ne soit
pas obligé d'élever la tête afin d'amener la ligne
de mire à hauteur de l'œil.

Feu simulé par le départ du chien (1).

Lorsque les hommes savent maintenir la ligne
de mire sur le point visé, on leur apprend à faire
partir le coup sans imprimer à l'arme une brus-
que secousse, qui dérangerait le pointage.

L'instructeur fait passer les hommes de recrue
par la série des exercices suivants :

1° Agir sur la détente dans la position du troisième mouvement d'apprêtez vos armes.

A cet effet, la main droite serrant l'arme à la
poignée, engager la deuxième phalange du premier
doigt sur la détente, fixer les yeux sur le chien,
retenir la respiration, et faire partir le coup en
fermant graduellement les articulations du doigt.

2° Pointer et tirer dans la position du tireur debout, en employant successivement les différentes
lignes de mire.

____

(1) On pourra, pour exécuter cet exercice, faire retirer
les têtes mobiles, afin d'éviter de les dégrader.

L'instructeur commande :

1. *Feu à volonté.*
2. *Peloton* = ARMES.
3. *A tant de mètres.*
4. COMMENCEZ LE FEU.

Au quatrième commandement, mettre en joue, maintenir les lacets de la ligne de mire au-dessous du centre du noir, en commençant à fermer le doigt; saisir l'instant où la ligne de mire est bien dirigée pour faire partir le coup, en achevant de fermer le doigt sans brusquerie; rester en joue après que le coup est parti et s'assurer que la ligne de mire passe encore par le point visé.

L'instructeur fait pointer et tirer, d'abord avec la ligne de mire de 200 mètres, puis, successivement, avec toutes les lignes de mire de l'arme.

Pendant cet exercice, il se fait souvent viser dans l'œil droit : après que le coup est parti, il interroge le soldat sur la direction qu'avait la ligne de mire au moment où il a agi sur la détente, et sur le sens du mouvement que l'arme peut avoir fait au même instant.

Observations.

Lorsque les tireurs ne serrent pas l'arme à la poignée, l'index prend appui sur l'épaule, tout le corps participe à ce mouvement et le pointage est infailliblement dérangé au moment où le coup part.

On reconnaît un bon tireur à l'immobilité que conserve son arme après le départ du chien.

Le présent article a pour but d'apprendre ua tireur à viser correctement et à ne pas agir brusquement sur la détente: en raison de son importance, il est bon d'y revenir souvent.

L'exercice qui consiste à prendre pour point visé l'œil de l'instructeur est essentiellement propre à former les tireurs; non-seulement il les oblige à bien viser, mais il leur fait contracter l'habitude de viser toujours un point, et c'est le seul moyen de s'assurer qu'ils visent réellement le point indiqué. On pourra exécuter souvent cet exercice dans les chambres, l'hiver ou les jours de mauvais temps.

Enfin l'instructeur doit habituer les hommes à tirer vite sans cesser d'observer les principes; il peut ainsi les exercer progressivement à tirer 30 à 40 coups sans se reposer, et on obtient le double résultat de fortifier le bras gauche, ce qui est indispensable pour l'exécution des tirs de vitesse, et de faire acquérir à l'homme une grande aisance dans la mise en joue.

ARTICLE 3.

POSITION DU TIREUR A GENOU ET POINTAGE
DANS CETTE POSITION.

L'instructeur commande:

1. Position du tireur à genou (1).

2. Apprêtez = VOS ARMES.

---

(1) Cette position pourra être prise en partant de celle du soldat reposé sur l'arme, la crosse restant appuyée à terre pendant l'exécution des deux premiers mouvements.

Un temps et trois mouvements.

Premier mouvement.

Faire un demi-à-droite sur le talon gauche, porter le milieu du pied droit à environ 35 centimètres en arrière et à 16 centimètres à gauche du talon gauche; saisir en même temps le fourreau du sabre-baïonnette avec la main gauche et le ramener en avant, les épaules effacées et la tête directe.

Deuxième mouvement.

Mettre le genou droit à terre, poser la crosse à terre sans frapper; s'asseoir sur le talon droit, placer le fourreau du sabre le bout en avant; saisir l'arme avec la main gauche à hauteur du pied de la hausse et avec la main droite à la poignée.

Troisième mouvement.

Abattre l'arme avec les deux mains, l'avant-bras appuyé sur la cuisse gauche, la crosse touchant la cuisse droite; armer et rabattre le levier à droite; saisir l'arme à la poignée avec la main droite, la deuxième phalange du premier doigt en avant de la détente, sans la toucher.

Les hommes étant dans la position du troisième mouvement d'*apprêtez vos armes*, l'instructeur commande :

Jouc.

Un temps et un mouvement.

Placer le coude gauche sur la cuisse et près du genou, faire glisser en même temps l'arme dans la main gauche, qui vient se placer contre le pontet, le poignet légèrement en dedans, l'arme maintenue entre le pouce et les quatre doigts réunis contre la monture ; appuyer la crosse contre l'épaule ; placer la main droite, et prendre la ligne de mire comme dans la position debout.

L'instructeur enseigne aux hommes la position à genou et le pointage dans cette position avec toutes les lignes de mire. Il suit, à cet égard, la même progression que pour le pointage dans la position debout, article 2.

Observations.

La position à genou est plus difficile à enseigner que la position debout ; elle demande plus de soin et d'attention de la part de l'instructeur, qui, tout en tenant compte de la conformation de l'homme, exige :

Que le corps repose sur la jambe droite, la jambe gauche ne devant soutenir que le poids de l'arme ;

Que la crosse soit placée à l'épaule comme dans la position debout ;

Que la tête soit peu inclinée, surtout en avant.

La position à genou offrant des avantages pour la régularité du tir, il faut y exercer les hommes, afin qu'elle leur devienne commode et familière; on devra aussi les exercer à charger rapidement dans cette position (art. 200 de l'École du soldat).

La conformation de l'homme exige quelquefois que la position soit modifiée.

ARTICLE 4.

POSITION DU TIREUR COUCHÉ.

Le tir dans la position couchée offre de grands avantages, car cette position permet au soldat de se dérober presque entièrement au feu de l'ennemi, tandis qu'il peut tirer lui-même avec une grande précision, grâce à l'appui qu'il se donne pour maintenir son arme.

Le tir couché est particulier aux tirailleurs.

Pour l'exécuter, se coucher sur le ventre, mettre en joue, les deux coudes servant d'appui, faire feu et charger en s'appuyant sur l'avant-bras gauche.

Le soldat prend la position du tireur couché lorsqu'il ne se présente pas d'obstacles naturels, à l'aide desquels il puisse s'abriter ou trouver un appui pour son arme; il choisit toujours l'attitude la plus commode, selon la disposition des lieux.

Le bout du canon ne doit jamais être appuyé à terre, tout corps étranger introduit dans l'âme, surtout près de la bouche, pouvant amener la rupture du canon.

L'instructeur enseigne aux hommes la position couchée et le pointage dans cette position avec toutes les lignes de mire; il suit à cet égard la même progression que pour la position du tireur debout.

ARTICLE 5.

TIR SIMULÉ AVEC DES CARTOUCHES SANS BALLES.

Le tir avec des cartouches sans balles est exécuté sur la cible réglementaire, placée à la distance de 100 mètres au moins.

L'instructeur se conforme aux règles prescrites pour le tir à la cible (titre V, 2e leçon).

Les jeunes soldats brûlent 20 cartouches sans balles, en deux séances.

Les anciens soldats en brûlent 10 dans une seule séance.

Chaque séance est divisée en deux reprises : on brûle 5 cartouches à chaque reprise, dont 2 dans la position debout, 2 dans la position à genou, et 1 dans la position couchée.

A la première reprise, on vise avec la ligne de mire de 200 mètres.

A la deuxième reprise, on vise avec les lignes de mire indiquées par l'instructeur.

Pour l'exécution de cet article, les hommes portent le sac.

Observations relatives à la 1re leçon du titre V.

Les exercices préparatoires se font d'abord sans sac; on ne le fait prendre que lorsque les hommes sont suffisamment instruits.

L'instruction est toujours donnée homme par homme; les hommes s'exercent à volonté, à mesure que l'instructeur les a dépassés.

On emploiera, pour chaque exercice, le nombre de séances nécessaire pour l'instruction complète des hommes, en observant qu'il vaut mieux augmenter le nombre des séances et en diminuer la durée.

L'instructeur ne fera admettre au tir à la cible que les hommes qui auront une position régulière et une habileté suffisante dans le pointage; les autres seront remis aux exercices préparatoires.

DEUXIÈME LEÇON

Tir à la cible.

Les distances sont marquées sur le champ de tir et les cibles sont placées par les soins des officiers de tir.

Avant l'arrivée de la troupe, ces officiers tirent quelques coups d'essai, afin de déterminer le point à viser; les indications qui en résultent sont données comme il est prescrit, titre VI, chapitre 2.

Les compagnies sont conduites par leurs officiers.

Les hommes portent le sac et n'ont pas le sabre-baïonnette au bout du canon.

Le commandant de chaque compagnie, à son arrivée sur le terrain, remet au chef de bataillon la situation de sa compagnie (modèle A); celui-ci la vérifie, ou la fait vérifier, en sa présence, par l'officier de tir.

L'officier de tir prend note, sur son carnet, du total des tireurs.

Les compagnies sont fractionnées en sections ou en demi-sections, suivant leurs effectifs.

Les sections qui attendent leur tour pour tirer

reprennent, pendant quelque temps, les exercices préparatoires.

Les sous-officiers tirent avant leurs compagnies; les résultats de leur tir sont vérifiés et inscrits par l'officier de tir du bataillon.

Le fourrier est chargé de l'inscription des balles mises par les caporaux et par les soldats.

Les autres sous-officiers sont attachés à la surveillance des sections.

Le capitaine fait placer un sergent auprès des tireurs.

Les sections ou demi-sections qui doivent tirer sont formées parallèlement à la ligne des cibles, et à six pas du point que doit occuper le tireur.

Les soldats ont l'arme au pied.

Les dispositions préliminaires étant achevées, l'officier de tir fait exécuter un roulement ou la sonnerie de *garde à vous;* cet avertissement est promptement suivi de la batterie ou de la sonnerie: *Commencez le feu.*

L'homme de droite de la section se porte directement au point que doit occuper le tireur, charge son arme, tire 3 balles de suite, constate le résultat de son dernier coup, se retire par la gauche et va se placer, l'arme au pied, à cinq pas en arrière de la droite de la section.

L'homme du second rang de la première file remplace aussitôt celui du premier, se conforme à ce qui vient d'être indiqué, puis va se placer derrière son chef de file.

Le tir s'exécute ainsi par file, avec ordre et sans perte de temps.

Dans chaque séance, 6 balles sont tirées dans la position debout, 3 dans la position à genou ou couchée; — dans les séances où l'on tire 5 balles, 3 sont tirées dans la position debout, 2 dans la position à genou ou couchée.

Quand le dernier homme de la section se porte en avant, le sergent commande: *Section, cinq pas en avant, marche*; et le tir recommence de la même manière, jusqu'à ce que chaque homme ait tiré le nombre de cartouches prescrit pour la séance.

Les officiers qui dirigent le feu évitent de se placer trop près du tireur; ils ne lui font pas d'observations, pour ne pas distraire son attention.

Si le tireur a mal appliqué les principes, on lui explique, après le coup, la faute qu'il a commise, et le capitaine le fait exercer à part, pendant quelques instants, par un sous-officier.

Manière de signaler les balles mises dans la cible. Inscription des résultats.

Un sous-officier ou un sapeur, placé dans un abri creusé au pied de la butte et couvert par un petit épaulement en terre damée d'une épaisseur de 1 mètre au minimum, indique, à l'aide d'un fanion, les balles qui touchent la cible et le noir; il soulève le fanion et le laisse immobile un instant, lorsqu'il veut signaler une balle ayant touché la cible hors du cercle; il indique que la balle a touché le cercle noir, en soulevant le fanion et en l'agitant.

Il faut une grande attention de la part de l'observateur chargé de signaler les balles ayant touché la cible.

Toutes les fois qu'une balle touche la cible, le tambour donne un coup de baguette ou le clairon donne un coup de langue; si la balle touche le cercle noir, le clairon sonne en plus un rigodon, le tambour fait un roulement.

Quand il est nécessaire pour l'observateur que le feu soit interrompu, il élève son fanion jusqu'à ce qu'on lui réponde par la batterie ou par la sonnerie de: *Cessez le feu*, suivie de celle de: *Levez-vous.*

Réciproquement, à la batterie ou à la sonnerie de *Cessez le feu*, le marqueur lève son fanion, pour montrer qu'il a entendu; après ce signal, on sonne: *Levez-vous.*

Par mesure de prudence, le feu doit cesser à la fois sur toute la ligne des cibles placées devant la même butte; on en profite pour réparer les cibles, s'il y a lieu.

Le fourrier inscrit les balles mises par chaque tireur à mesure qu'elles sont signalées; il met un zéro dans la colonne des balles mises, quand le fanion ne se lève pas.

Le tir de la compagnie terminé, l'officier de tir compte sur les cibles le nombre de balles mises et en fait l'inscription sur son carnet.

Il rend les marqueurs responsables de l'exactitude de leurs signaux.

Le fourrier, après avoir rectifié, s'il y a lieu, les erreurs qui auraient pu être faites dans l'inscription des balles mises, remet la situation à l'officier de tir.

Cet officier inscrit le lendemain les résultats du tir sur les contrôles qu'il est chargé de tenir. Le surlendemain matin, au rapport, il remet la situation au sergent-major; celui-ci met son registre à jour immédiatement; la situation est rendue sans délai au capitaine de tir par le sergent-major.

Il est bon, pour que le tireur puisse facilement corriger son tir, de lui indiquer le point précis où chaque balle a touché la cible; quand le temps qu'on pourra consacrer à l'étude du tir et les dispositions du polygone le permettront, on pourra, dans le but de perfectionner ce tir, employer la méthode suivante:

L'observateur est muni d'une palette noire, fixée à l'extrémité d'une hampe en bois suffisamment longue (3 mètres environ); cette palette porte un tampon destiné à boucher les trous à l'aide d'une rondelle de papier (*fig.* 5).

A mesure qu'une balle vient frapper la cible, le marqueur, muni de la palette, de colle et de rondelles de papier découpées à l'avance, en fixe une sur le tampon avec un peu de colle et l'applique sur le trou: dans cette opération, la position de la palette indique le point où la balle a porté (1).

On ne fera usage de cette méthode, appelée à produire les meilleurs résultats en formant des tireurs de précision, qu'aux petites distances, jusqu'à 300 mètres au plus.

Les marqueurs sont placés dans une tranchée verticale, creusée dans le sol à 1 mètre environ du pied des cibles, et établie conformément au dessin qui la représente (*pl.* 2, *fig.* 6).

DES CLASSES DE TIREURS.

Lorsque les tirs individuels sont terminés, les

______

(1) On pourra aussi faire usage d'une palette sans tampon; dans ce cas, afin d'éviter les erreurs, on arrêtera le tir pour réparer les cibles, aussi souvent que ce sera nécessaire.

sous-officiers, les caporaux, les anciens et les jeunes soldats sont classés d'après les bases indiquées au tableau n° 1 ; on forme trois classes de tireurs :

Pour le tir de la compagnie hors rang, on se conforme au tableau n° 2 ; parmi les hommes de cette compagnie, on ne classe que les sapeurs, qui seuls exécutent la série complète des tirs.

Le tir des jeunes soldats de la réserve s'exécute conformément au tableau n° 3 : ces hommes, n'exécutant qu'une série de tirs incomplète, ne sont pas classés.

Tous les ans, l'état de classement reste affiché dans chaque compagnie jusqu'au classement suivant; les renseignements relatifs aux jeunes soldats sont fournis aux sergents-majors par les officiers de tir.

A partir de l'époque où le classement est arrêté, les tireurs de la 3ᵉ classe assistent à des séances supplémentaires d'instruction préparatoire de tir, dont les tireurs des deux premières classes sont dispensés.

TIR DES RETARDATAIRES — NON CLASSÉS.

On établit, pour les tirs des retardataires, une situation modèle *a*.

Les hommes qui ont manqué à un grand nombre de séances commencent par exécuter les tirs aux premières distances.

On ne leur fait pas faire, dans chaque séance, plus de deux tirs de rappel.

A la fin de l'instruction, le colonel prescrit à quelle date les tirs individuels doivent être arrêtés.

On totalise alors les balles mises par chacun des tireurs du régiment.

Les hommes qui ont manqué à une ou plusieurs séances de tir n'en sont pas moins classés d'après le total de leurs balles mises.

Ceux qui n'ont exécuté aucun tir ne sont pas classés.

TROISIÈME LEÇON.

Feux de tirailleurs.

Les feux de tirailleurs sont le complément de l'instruction individuelle du soldat dans le tir.

Il y apprendra combien la probabilité d'atteindre un but diminue rapidement, à mesure que la distance augmente, et contractera l'habitude de ne tirer qu'à bonne portée.

Les feux de tirailleurs seront exécutés successivement sur des hommes isolés, des groupes, des pelotons et des colonnes.

Les hommes isolés sont représentés par des cibles de 0^m,50, espacées de 3 ou de 10 mètres, suivant qu'elles sont destinées au tir d'un ou de quatre hommes; on emploie ces cibles jusqu'à la distance de 300 mètres.

Les groupes sont représentés par des cibles de 2 mètres de base, espacées à 20 mètres d'axe en axe, et destinées au tir de douze hommes au plus. Ces buts sont employés entre les distances de 300 et de 600 mètres.

Pour représenter les pelotons, on emploie des panneaux de 8 mètres de base, formés de cibles juxtaposées; ces panneaux, espacés à 20 mètres, d'axe en axe, et destinés au tir de vingt hommes, sont employés entre les distances de 400 et de 800 mètres.

Pour représenter les colonnes, on emploie des panneaux de 8 mètres de base, placés les uns derrière les autres à 20 mètres d'intervalle; le tir s'exécute entre les distances de 800 et de 1000 mètres.

Les distances de tir sont inconnues des tireurs et des officiers de compagnie, elles sont fixées par les chefs de bataillon; les officiers de tir les mesurent avant l'arrivée de la troupe et jalonnent avec des fanions la base d'alignement des tirailleurs parallèlement à la ligne des cibles.

Les sous-officiers, les sapeurs, les clairons, les hommes de la compagnie hors rang n'exécutent pas les feux de tirailleurs.

Les jeunes soldats les exécutent à part, sous la direction des officiers de tir.

Les feux de tirailleurs se font de pied ferme ou en marchant.

1re SÉANCE. — *Feux de pied ferme.*

Le feu de pied ferme n'est autre chose qu'un tir à la cible à trois distances inconnues; aux petites distances, il est censé fait sur des hommes isolés et on y emploie des cibles de 0^m,50. Chaque homme brûle neuf cartouches, trois à chaque distance.

Les trois bases d'alignement sont jalonnées à des distances des cibles comprises entre 150 et 350 mètres.

Le capitaine déploie sa compagnie sur la base

la plus rapprochée, apprécie la distance, et commande:

A tant de mètres.
COMMENCEZ LE FEU.

Chaque homme tire trois balles: les officiers et
les sous-officiers examinent la manière dont portent les premiers coups, afin de faire corriger les
hausses, si c'est nécessaire.

Les tirailleurs font feu dans les positions les
plus commodes pour eux; toutefois, ils doivent se
familiariser avec la position à genou et la position
couchée; ils chargent vite, mais ils visent avec
beaucoup de soin.

Lorsque tous les hommes ont tiré trois balles,
la compagnie est portée en avant, afin que chaque
homme ou chaque groupe puisse voir sur sa cible
le résultat de son tir; en même temps les officiers
de tir, aidés par des sous-officiers, comptent les
balles mises; ils font ensuite réparer les cibles.

Le capitaine porte ensuite successivement sa
compagnie sur la deuxième, puis sur la troisième
base, et recommence, à chaque fois, ce qui a été
exécuté sur la première.

2e SÉANCE. — *Feux en marchant.*

Les feux en marchant sont exécutés en deux reprises: on brûle à chacune d'elles neuf cartouches
par homme.

1re REPRISE. — Tir sur des groupes (panneaux de 2m de base).

La base du mouvement est jalonnée à une distance du but comprise entre 600 et 400 mètres;

on ne s'approchera pas du but plus près que 300 mètres.

Feu en marchant en avant (4 cartouches).

Le capitaine déploie sa compagnie de pied ferme, à quelques pas en arrière de la base du mouvement, et commande ensuite :

1. *Tirailleurs en avant* = MARCHE.

Et dès que les tirailleurs franchissent la ligne jalonnée, base du mouvement :

2. *A tant de mètres.*
3. COMMENCEZ LE FEU.

Le troisième commandement s'exécute comme il est prescrit à l'École de tirailleurs.

Feu en retraite (5 cartouches).

Quand les tirailleurs ont brûlé quatre cartouches, le capitaine fait battre ou sonner : *Cessez le feu*; il fait encore marcher en avant une cinquantaine de pas, et commande ensuite :

1. *Tirailleurs en retraite* = MARCHE.

Et dès que les tirailleurs ont dépassé la distance à laquelle le feu en avant a cessé :

2. *A tant de mètres.*
3. COMMENCEZ LE FEU.

Le feu terminé, le capitaine fait battre ou sonner : *Cessez le feu*, et commande :

Ralliement par quatre.

Les serre-files font ensuite rassembler les groupes par 2 ou par 3, suivant que 8 ou 12 tirailleurs ont tiré sur le même but, et font placer chacune de ces fractions, l'arme au pied, vis-à-vis le centre du panneau sur lequel elle a fait feu.

L'officier de tir compte les balles mises, les fait signaler par le clairon ou par le tambour, panneau par panneau, et fait réparer les cibles.

Les officiers et les sous-officiers ne cessent de porter leur attention sur la manière dont les distances sont appréciées et les règles de tir appliquées.

Ils font diminuer ou augmenter les hausses, à mesure que les tirailleurs s'approchent ou s'éloignent des cibles.

2ᵉ REPRISE. — Tir sur des pelotons (panneaux de 8ᵐ de base).

La base du mouvement est jalonnée à la distance d'environ 800 mètres du but ; on ne s'en approchera pas plus près que 400 mètres.

Tous les détails d'exécution comme pour la 1ʳᵉ reprise.

TIR SUR DES COLONNES.

La base sera jalonnée à 1000 mètres environ ; on fera les feux de pied ferme ou en marchant. Limite inférieure de la marche : 800 mètres. On se conformera aux règles qui précèdent.

Cet exercice, exigeant un matériel et des espaces considérables, ne sera exécuté que dans les camps d'instruction.

Observations.

Afin que la distance soit réellement inconnue des tireurs, on n'exécutera pas ces feux sur l'emplacement habituel des cibles, lorsque le terrain le permettra.

Les officiers de tir indiquent la distance aux hommes de recrue quand ils les exercent à part.

Après chaque feu de tirailleurs, l'officier de tir mesure et note la distance où ont fini les feux en avant ou en retraite ; ces distances, ainsi que celles où les feux ont commencé, sont portées sur les registres de tir.

QUATRIÈME LEÇON.

Feux d'ensemble, à volonté et à commandement.

(Voir l'École du soldat, art. 208 à 243.)

Les feux d'ensemble sont exécutés en une seule séance, où chaque homme brûle 21 cartouches, dont 12 dans les feux à volonté et 9 dans les feux de peloton.

Les feux à volonté s'exécutent debout ou à genou ; 6 balles sont tirées à la distance de 300 mètres, 6 autres à 400 mètres.

Les feux de peloton s'exécutent aux distances de 400, 500 et 600 mètres ; 3 balles sont tirées à chacune de ces distances.

Observations.

Le capitaine fait commander quelques feux par le lieutenant et par le sous-lieutenant, pour l'instruction de ces officiers.

Les hommes doivent charger vite, mais régler la hausse et viser avec le plus grand soin.

Le capitaine fait passer les hommes du 1er rang au 2e, et réciproquement, de manière à donner à tous une instruction égale.

On ne fait pas de tir de rappel pour les feux d'ensemble.

Les compagnies qui doivent tirer ne fournissent pas de service.

Quand les jeunes soldats ne sont pas assez nombreux pour former un peloton de 12 files, ils sont réunis à leur compagnie pour exécuter les feux d'ensemble, et les résultats des feux qu'ils exécutent ainsi se confondent avec ceux des anciens soldats.

On fournit, pour chaque séance de tir, les situations conformes aux modèles.

Après chaque espèce de feu, l'officier de tir compte les balles mises et fait réparer les cibles.

Les balles mises sont signalées à la compagnie par une sonnerie ou par une batterie; le clairon donne un coup de langue traînant pour une dizaine de balles, et un coup de langue bref pour chaque balle en sus des dizaines.

Le fourrier fait la somme et porte sur la situation le total des balles mises par espèces de feux.

On ne conserve, comme résultats des feux d'ensemble, que les distances, le nombre des balles tirées, le nombre des balles mises et le pour cent.

On peut, dans quelques cas particuliers, par
exemple dans les tirs d'inspection, rechercher, en
outre, la vitesse et l'effet utile du tir.

Quand l'étendue du terrain de tir ne permet
pas que les feux de tirailleurs soient faits à toutes
les distances prescrites, on remplace les tirs qui
restent à exécuter par des tirs de pied ferme, à
petite distance, sur un homme isolé (cible de
0^m,50). Les feux d'ensemble se font à 200 mètres,
s'il est impossible de les faire aux distances indiquées; ces circonstances sont notées sur les registres et sur le rapport annuel de tir.

Quand le terrain n'a pas une étendue de 200
mètres, on n'exécute aucun feu d'ensemble.

Pour le nombre des séances et pour celui des
cartouches à brûler dans l'exécution des 3e et 4e le-
çons, voir le tableau n° 4.

TITRE VI.

RÉCOMPENSES. — PRESCRIPTIONS DIVERSES.

MATÉRIEL DU TIR. — REGISTRES A TENIR. — MODÈLES.

CHAPITRE PREMIER.

Récompenses décernées aux meilleurs tireurs.

PRIX DE TIR DE L'ANNÉE.

Les récompenses données à l'adresse dans le tir sont de différente nature, suivant qu'elles sont la consécration des résultats des tirs de l'année ou de ceux du concours qui clôt les exercices annuels.

Les prix donnés au concours consistent en épinglettes.

Les résultats des tirs de l'année sont consacrés par le port d'un cor de chasse placé sur le bras gauche ; le cor de chasse est brodé en or pour les sous-officiers, il est en drap jonquille pour les caporaux et les soldats.

Ces insignes sont accordés, dans chaque régiment, aux meilleurs tireurs pris exclusivement dans la 1re classe, dans les proportions suivantes :

15 pour les sous-officiers ;
90 pour les caporaux et les anciens soldats.

Le droit de porter le cor de chasse n'est accordé que pour une année ; cependant, lorsqu'un tireur aura obtenu deux fois cet insigne, il le conservera jusqu'à sa première libération. Les cors de chasse ainsi mérités ne seront pas déduits du nombre fixé ci-dessus.

Les sous-officiers, d'une part, les caporaux et les anciens soldats, de l'autre, sont classés d'après le nombre de balles que chacun d'eux a mises dans la cible pendant l'année ; les cas d'égalité sont tranchés par autant de tirs supplémentaires qu'il est nécessaire pour classer définitivement le nombre des candidats de chaque catégorie.

L'état des tireurs récompensés est dressé chaque année pour l'année écoulée, à la date du 1er janvier.

Les livrets des militaires venus d'autres corps servent à établir leurs droits à porter le cor de chasse pour l'année courante.

Dans les bataillons formant corps,

6 sous-officiers, 40 caporaux et anciens soldats } pris tous dans la 1re classe, reçoivent le cor de chasse.

Quelque réduit que puisse être dans un corps le nombre des tireurs de la 1re classe, ceux de la 2e n'auront jamais droit au cor de chasse.

Indépendamment des récompenses honorifiques accordées aux meilleurs tireurs, il leur sera réservé chaque année un tiers des congés de semestre accordés dans les corps : les hommes seront pris dans l'ordre du classement, sans avoir égard ni à l'ancienneté de services, ni aux semestres précédemment obtenus..

Dans le courant de l'année, les chefs de corps, à la suite de chaque séance de tir à la cible, pourront accorder, pendant un nombre de jours déterminé d'après le nombre de balles mises, des permissions de 11 heures aux sous-officiers et de 10 heures aux caporaux et aux soldats qui se seront signalés par leur adresse dans le tir.

Les jeunes soldats n'auront droit ni aux cors de chasse, ni aux semestres.

Prix de tir donnés aux concours.

15 prix de tir, dont un premier prix, sont donnés tous les ans dans chaque régiment.

12 prix de tir, dont un premier prix, sont donnés tous les ans dans chaque bataillon formant corps.

Chaque prix consiste en une épinglette à grenade et à chaîne d'argent; le premier prix se distingue des autres par une grenade dorée.

Ces prix de tir sont donnés au concours.

Sont admis à concourir ensemble: tous les tireurs, sous-officiers, caporaux et anciens soldats qui ont mérité la marque honorifique du cor de chasse dans le classement de l'année.

Le tir de concours est dirigé par les officiers de tir, sous la présidence du lieutenant-colonel. On se conforme au programme suivant:

ARTICLE 1er.

Le sort décide de l'ordre suivant lequel les concurrents doivent tirer.

ARTICLE 2.

Le but est le centre d'un panneau circulaire,

de 1 mètre de rayon, placé à 200 mètres du tireur; au centre du panneau se place un cercle noir, de 20 centimètres de diamètre.

ARTICLE 3.

Chaque concurrent tire de suite 6 balles; il peut être accordé 3 balles d'essai aux tireurs qui le demandent.

ARTICLE 4.

Lorsqu'un concurrent a tiré ses 6 balles, on mesure les écarts de celles qui ont touché le panneau. Le capitaine instructeur de tir veille à ce que l'on prenne très-exactement cette mesure; on note et on additionne les écarts, exprimés en millimètres.

Lorsque les écarts des balles d'un tireur sont mesurés, on bouche les trous du panneau avec des rondelles de papier enduit de colle.

On considère comme ayant manqué le panneau les balles qui le touchent par ricochet.

ARTICLE 5.

Les prix sont donnés aux tireurs qui ont obtenu les plus petites sommes d'écarts, sur 6 balles ayant touché le but.

ARTICLE 6.

Les tireurs qui ont manqué une fois le panneau n'ont des droits aux prix que dans le cas où ceux qui l'ont touché six fois sont moins nombreux que les prix. Il en est de même des tireurs qui ont manqué deux fois, par rapport à ceux qui n'ont manqué qu'une fois. Dans chacune de ces divisions de tireurs, les plus petites sommes d'écarts emportent les prix.

ARTICLE 7.

Si plusieurs concurrents ont obtenu les mêmes sommes d'écarts, ils tirent chacun une septième balle, et ainsi de suite, jusqu'à ce que l'on puisse trancher la question par la différence des écarts.

ARTICLE 8.

Les concurrents prennent, dans le tir, la position qui leur convient. Ils ne portent pas le sac.

ARTICLE 9.

Le tir doit avoir lieu, autant que possible, dans la même séance pour tous les concurrents.

Si, pendant une des séances, le temps éprouve des variations telles que les tireurs appelés à faire feu les derniers aient un désavantage marqué sur les premiers, la séance est suspendue et reprise en temps opportun.

ARTICLE 10.

Les compagnies détachées prennent part au concours. Le capitaine instructeur de tir assiste aux concours de toutes les compagnies du régiment, fait mesurer la distance et les écarts, prend note des écarts de chaque concurrent et vérifie les cordeaux et les règles, afin que les conditions soient les mêmes pour tout le régiment.

Le pied du panneau circulaire servant de but doit être élevé de 50 centimètres au moins au-dessus du terrain horizontal, afin que l'on puisse constater facilement les ricochets. Dans un polygone, on place ce panneau à 1 mètre au-dessus du pied du talus de la butte. Dans les localités où l'on n'a point de butte, on place le pied du panneau sur un petit tertre de 50 centimètres de hauteur (*fig.* 3).

On mesure les écarts au moyen d'une règle graduée en millimètres, sur une longueur de 1 mètre.

CHAPITRE II.

Corrections de tir. — Tir plongeant. Tir sur un but mobile.

1° CORRECTIONS DE TIR.

Quelles que soient la justesse d'une arme et l'habileté d'un tireur, il est rare qu'il atteigne exactement le point qu'il a visé; dans tous les cas, deux balles successives ne frappent presque jamais la cible au même point.

Les écarts qui se produisent dans le tir tiennent

à plusieurs causes : on peut les attribuer au tireur, à l'arme, aux munitions ou aux circonstances extérieures.

L'instruction pratique du tir apprend au soldat à maintenir, à diriger et à tirer son arme, et lui permet d'atténuer considérablement l'effet des déviations dues exclusivement au tireur.

Il est souvent difficile, quelquefois même impossible, au plus habile tireur, de modifier les effets dus à l'arme ou aux circonstances extérieures ; si l'arme est d'une construction défectueuse, si les munitions ne sont pas identiques ou sont avariées, si l'atmosphère est agitée, l'homme visant le but, même en employant la hausse qui correspond à la distance, ne l'atteindra presque jamais exactement.

De même que, si la hausse employée est trop forte ou trop faible, le groupement des coups sur la cible se fait au-dessus ou au-dessous du point visé, de même, lorsque la hausse d'un fusil sera à droite ou à gauche du plan de tir, le groupement des coups se fera, suivant le cas, à droite ou à gauche du point visé.

Enfin, si aux causes qui tiennent au tireur et à l'arme, on ajoute celles qui sont dues à l'état des munitions et aux circonstances extérieures, telles que le vent, la température, la densité et l'état hygrométrique de l'atmosphère, on verra se produire, soit en largeur, soit en hauteur, des déviations qui augmenteront considérablement avec les distances ; chacune de ces déviations dépendra, en outre, de l'importance et de la nature de l'élément qui l'a causée.

Les variations atmosphériques sont sensibles

d'un instant à l'autre, suivant les saisons, les jours et les heures: c'est ce qui explique comment une hausse réglée en été est trop faible pour exécuter un tir pendant l'hiver et réciproquement, et comment telle hausse, bonne à un moment de la journée, devient trop forte ou trop faible pour un autre moment.

Il faut néanmoins que le tireur puisse atteindre le but; il doit donc, les causes de déviations étant supposées constantes pour un instant, chercher quel point il doit viser pour atteindre le noir.

A cet effet, le tireur, sûr de lui-même, commencera par tirer un certain nombre de coups, trois au moins, en visant le centre de la cible: puis, de la position du groupement de son tir, il déduira le point à viser, qui se trouvera du côté diamétralement opposé. Si, par exemple, les coups sont groupés dans le coin inférieur droit, il visera le coin supérieur gauche.

Cette opération, qui s'appelle régler ou corriger le tir, est celle que doit pratiquer le capitaine instructeur au commencement de chaque séance de tir à la cible.

Lorsque les hommes auront pu se rendre compte par eux-mêmes de la nécessité de corriger le tir, on leur enseignera à déplacer convenablement le pointage, de manière à neutraliser les causes qui leur font manquer le but.

Pour cela, on place sur une cible réglementaire une rondelle en papier noir qui représente le point où une balle vient de toucher et l'on exerce les soldats à pointer l'arme de manière à ramener le coup suivant sur le centre de la cible, en supposant que le deuxième coup porte de la même manière que le premier.

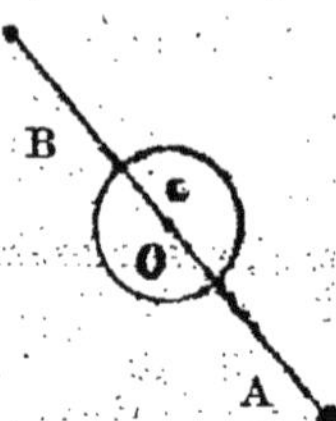

Ainsi, la rondelle étant placée en A, l'arme devra être dirigée sur le point B, OB étant égal à AO et sur son prolongement.

Lorsque les hommes ont bien compris ce principe, l'instructeur le fait appliquer comme il doit l'être dans le tir réel, en indiquant la correction dont il suppose la nécessité; ainsi il dit : Visez à demi-distance entre le haut de la cible et le noir, ou bien : Visez en dehors à gauche, de la largeur d'une demi-cible.

Cet exercice peut se faire également sur la petite cible en papier, dont on se sert pour donner l'instruction du pointage.

Il n'est guère possible, dans la pratique des tirs de régiment, de changer, d'un instant à l'autre, le point à viser; cependant, si, durant l'exécution d'un tir, l'utilité de cette modification se fait sentir impérieusement, les officiers instructeurs devront la faire exécuter.

2° TIR PLONGEANT.

On peut, en étudiant le tableau des zones dangereuses, se convaincre qu'il est très-difficile d'atteindre le but, lorsqu'on tire aux grandes distances, même sur un terrain de tir connu; la difficulté augmente encore lorsque la distance est inconnue, en campagne, par exemple : aussi, le tir exécuté à la guerre contre des hommes isolés, placés à de grandes distances, est-il presque toujours sans résultats.

Il est cependant un cas dans lequel le tir à grande distance peut seul être employé : c'est lorsqu'il se trouve entre le tireur et le but des obstacles assez élevés pour empêcher le soldat de voir l'ennemi ; il faut alors se placer à une distance telle que la balle s'élève, dans son trajet, à une hauteur assez grande pour que les obstacles interposés ne l'empêchent pas d'aller atteindre l'ennemi en plongeant, pour ainsi dire, derrière l'obstacle. Dans un siége, par exemple, l'ennemi se trouvant derrière la fortification pourra encore être atteint par l'assiégeant tirant de cette manière, la balle arrivera d'autant plus près du parapet qu'elle partira d'un point plus éloigné. Ce genre de tir, qu'on nomme tir plongeant, ne peut s'exécuter avec efficacité qu'à des distances supérieures à 500 mètres : il faut, de plus, viser au moins à 1 mètre au-dessus de la crête, car, si on visait la crête elle-même, on peut admettre que la moitié des coups serait arrêtée par la masse couvrante.

3º TIR SUR UN BUT MOBILE.

On peut enfin avoir à tirer sur un but qui se meut : on doit, dans ce cas, tenir compte de ce mouvement et ne pas diriger la ligne de mire sur le point où se trouve le but au moment du tir, mais sur celui où l'on juge qu'il sera placé, quand la balle aura franchi la distance. La ligne de mire devra donc être dirigée en avant du but et d'autant plus en avant, que ce but se meut plus rapidement et qu'il est plus éloigné. Il est difficile de donner des règles précises pour toutes les circonstances d'un tir de ce genre, nous dirons seulement que, pour un cavalier traversant le plan de tir à 600 mètres, il suffit de viser, suivant qu'il marche au pas, au trot ou au galop, à 4, 3 et 6 mètres en avant.

Tableau des zones dangereuses.

DISTANCES.	FANTASSINS 1m,60.			CAVALIERS 2m,50.		
	En avant.	En arrière.	Total.	En avant.	En arrière.	Total.
200m	200m	65m	265m	200m	88m	288m
300	68	43	111	300	63	363
400	43	31	74	72	45	117
500	28	23	51	44	36	80
600	19	17	36	31	28	59
700	15	14	29	24	22	46
800	12	11	23	19	18	37
900	10	9	19	16	15	31
1000	8	8	16	13	12	25

CHAPITRE III.

Du matériel : cibles, cordeaux, etc.

Le matériel nécessaire à l'instruction de tir d'un régiment se compose de:

4° Trente cibles, { dix-huit de 50 centimètres ;
douze de 1 mètre ;

2° Une chaîne d'arpenteur pour la mesure exacte des distances de tir;

3° Un panneau circulaire, plus une règle graduée pour la mesure des écarts;

4° Six palettes avec hampe de 3 mètres de longueur;

5° Deux fanions par bataillon pour les jeunes soldats;

Deux fanions,
Un chevalet de pointage,
Deux cordeaux de 25 mètres, ⎫ par compagnie;
à poignée en bois pour l'appré- ⎬
ciation des distances,

Couleur noire, pinceaux, papier, colle pour la réparation des cibles.

Un sergent, désigné par le chef de corps, est chargé du transport des cibles sur le terrain et de leur réparation; il est exempt du service de place et de celui de semaine pendant la durée des exercices de tir.

CIBLE (fig. 2).

La cible est rectangulaire; elle a 2 mètres de hauteur sur 50 centimètres de largeur, elle se compose de deux montants en fer, assemblés au moyen de quatre traverses rivées sur les montants. Les montants se terminent par des pointes qui dépassent la traverse inférieure de 15 centimètres environ; ces pointes servent à planter la cible dans le sol. Un arc-boutant en fer, indépendant de la cible, sert à la maintenir par derrière.

Lorsque la cible est plantée, on engage le crochet de l'arc-boutant dans l'anneau faisant corps avec la seconde traverse; le bec du crochet en dessus, on plante l'arc-boutant. Au-dessus de la pointe se trouve un anneau rivé sur le montant; il est destiné à donner passage à un piquet en fer de 30 centimètres de longueur, qui doit aussi empêcher la cible de se renverser en avant ou en arrière (*fig.* 4).

Le cadre en fer de la cible est revêtu d'un manchon de toile, recouvert de papier collé.

Les dimensions des buts aux diverses distances sont indiquées à la 2e leçon du titre V (Tir à la cible); on emploie, suivant la distance, une cible simple ou plusieurs cibles juxtaposées. La règle qui concerne les dimensions des buts est du reste facile à retenir : à partir de la distance de 100 mètres on ajoute pour chaque centaine de mètres une cible simple. Il faut donc à 300 mètres, 3 cibles; à 500 mètres, 5 cibles, etc.

CHEVALET DE POINTAGE (*fig.* 1).

Le chevalet de pointage se compose de trois pieds de 1^m,50 de longueur, réunis deux à deux d'une manière invariable par des traverses inférieures et des traverses supérieures, et surmontés d'un chapeau de forme triangulaire de 5 centimètres environ d'épaisseur.

Sur ce chapeau se trouve une tête à mâchoires en bois de frêne. Les mâchoires sont garnies de liége, et une vis, munie d'un écrou à oreilles, permet de les serrer ou de les desserrer à volonté, de manière à maintenir solidement le fusil, sans le dégrader.

Cette tête est reliée au chapeau par un fort boulon qui, les traversant l'un et l'autre, est serré par son écrou à la partie inférieure du chapeau et ne permet à la tête, et par suite au canon, qu'un léger mouvement de rotation.

CHAPITRE IV

Des registres de tir.

On tient dans chaque compagnie un registre de tir pour l'inscription des résultats du tir à la cible. Ce registre est conforme au modèle B.

Les résultats du tir à la cible sont inscrits sur le livret de chaque soldat.

Les inscriptions sont faites par les soins des commandants de compagnie pour les anciens soldats. Les livrets sont mis à jour toutes les fois qu'ils sont arrêtés, c'est-à-dire, en général, tous les trimestres. (Modèle E.)

Dès que l'instruction des jeunes soldats est terminée, l'officier de tir fait inscrire leurs tirs sur leurs livrets, par les fourriers des compagnies.

A la reprise de l'instruction, les sergents-majors remettent à l'officier de tir de leur bataillon, un cahier double du registre de tir de leur compagnie. Ce cahier n'est pas cartonné.

Le capitaine de tir fait établir en double expédition, dans chaque bataillon, un cahier analogue pour l'inscription des tirs individuels des jeunes soldats; ces contrôles sont tenus par les officiers de tir d'une part, de l'autre par le capitaine de tir.

Dans chaque bataillon l'officier de tir tient, outre le contrôle pour les jeunes soldats et les cahiers doubles des contrôles des anciens soldats, un carnet de tir, modèle F, et un registre de tir, modèle C.

Dans chaque régiment, le capitaine de tir tient un registre de tir, modèle D. Ce registre n'est pas établi dans les corps ou dans les dépôts formés d'un seul bataillon.

Dans les compagnies de dépôt on tient, pour les hommes de la réserve, un contrôle de tir conforme au modèle B.

L'officier de tir du dépôt tient un double de ce contrôle.

TABLEAUX ET MODÈLES

DISTANCES — DIMENSION des cibles :

- **100** : 1 cible de 0m,50 noir circul., 0m,10 de diamètre.
- **200** : 2 cibles noir circulaire, 0m,20.
- **300** : 3 cibles noir circulaire, 0m,30.
- **400** : 4 cibles noir carré, 0m,40 de côté.
- **500** : 5 cibles. noir carré, 0m,50.
- **600** : 6 cibles noir carré, 0m,60.
- **800** : 8 cibles noir carré, 0m,80.
- **1000** : 10 cibles noir carré, 1 mètre.

ÉTENDUE supposée du champ de tir.	100 séances.	100 balles par séance.	200 séances.	200 balles par séance.	300 séances.	300 balles par séance.	400 séances.	400 balles par séance.	500 séances.	500 balles par séance.
1000	2	9	3	9	2	9	1	9	1	9
800	2	9	3	9	2	9	1	9	1	9
600	2	9	4	9	2	9	1	9	1	9
500	3	9	4	9	2	9	1	9	1	10
400	3	9	4	9	3	9	1	10		
300	3	9	5	9	2 / 1	9 / 10				
200	4	9	6 / 1	9 / 10						
100	10 / 1	9 / 10								

ÉTENDUE supposée du champ de tir.	600 séances.	600 balles par séance.	800 séances.	800 balles par séance.	1000 séances.	1000 balles par séance.	TOTAL séances.	TOTAL balles.	1re CLASSE. Coefficients ou nombre de balles à mettre dans la cible.	1re CLASSE. Nombre total de balles suivant l'étendue du champ de tir.	2e CLASSE. Coefficients ou nombre de balles à mettre.	2e CLASSE. Nombre total de balles suivant l'étendue du champ de tir.
1000	1	9	1	5	1	5	12	100	1	58	1	39
800	1	9	1	10			11	100	2	59	1	40
600	1	10					11	100	3	64	2	42
500							11	100	4	68	3	45
400							11	100	5	70	3	46
300							11	100	6	72	4	47
200							11	100	6,5	74	4	48
100							11	100	7	77	5	55

OBSERVATIONS. — Chaque tir de 9 balles est exécuté en 3 séries de 3 balles dernières à genou ou couché. — Les coefficients indiquent le nombre de comme minimum pour chaque classe. — Il n'est pas nécessaire qu'un tireur pour le classement, qu'au nombre total de balles mises à la fin des tirs. chacune. Les balles des deux premières séries sont tirées debout, les trois balles à mettre sur 9 à chaque distance pour arriver au nombre total exigé mette à toutes les distances la proportion de balles indiquée. On n'a égard,

ORDRE A SUIVRE POUR L'EXÉCUTION DES TIRS (CHAMP DE TIR DE 1000m).

Numéros des séances.	3e, 4e.	1re, 2e, 12e.	5e, 6e.	7e.	8e.	9e.	10e.	11e.	La première et la dernière séance de tir ont toujours lieu, autant que possible, à 200 mètres. Ces deux tirs comparatifs servent à juger des progrès effectués par les tireurs.

Tir de la compagnie hors rang.

DISTANCES.	100		200		300		TOTAUX DES		OBSERVATIONS.
	Séances.	Balles tirées.	Séances.	Balles tirées.	Séances.	Balles tirées.	Séances.	Balles tirées.	
DIMENSIONS DES CHAMPS DE TIR. 300ᵐ	1	9	1	9	1	9	3	27	Nota. — La compagnie hors rang ne tire pas au delà de 300 mètres, quelle que soit l'étendue du champ de tir. — Les sapeurs seuls tirent à toutes les distances.
200ᵐ	1	9	2	9	«	«	3	27	
100ᵐ	3	9	«	«	«	«	3	27	

Feux d'ensemble.

ESPÈCES DE FEUX.	NOMBRE DE			DISTANCES.
	séances.	bases d'alignement.	balles tirées.	(Fusil modèle 1866.)
Feux de tirailleurs { de pied ferme.	1	3	9 en 3 séries.	de 150 à 300m.
en avant et en retraite . . .	1	2	18 en 2 reprises.	1re reprise de 600 à 300m. 2e reprise de 800 à 400m.
Feux à volonté { debout ou à genou	1	2	12 en 2 séries.	300m (6) 400m (6) } 12
Feux de peloton { debout ou à genou		3	9 en 3 séries.	400m (3) 500m (3) 600m (3) } 9
Totaux	3		48	

JEUNES SOLDATS DE LA RÉSERVE.

1re ANNÉE D'EXERCICES.

DISTANCES.	100		200		300		400		500		TOTAUX.		OBSERVATIONS.
NOMBRE de séances et de balles à tirer dans chaque séance.	NOMBRE		NOMBRE		NOMBRE		NOMBRE		NOMBRE		NOMBRE		
	de séances.	de balles.	de séances.	de balles.	de séances.	de balles.	de séances.	de balles.	de séances.	de balles.	de séances.	de balles.	
Étendue supposée du champ de tir.													
300	2	6	2	6	1	6	«	«	«	«	5	30	Les 6 balles sont tirées 3 debout et 3 à genou. — La première année, les jeunes soldats ne tirent pas au delà de 300 mètres.
200	2	6	3	6	«	«	«	«	«	«	5	30	
100	5	6	«	«	«	«	«	«	«	«	5	30	

2e ANNÉE D'EXERCICES.

DISTANCES.	100		200		300		400		500		TOTAUX.		OBSERVATIONS.
600	1	6	1	6	1	6	1	6	1	6	5	30	
400	1	6	2	6	1	6	1	6	«	«	5	30	La 2e année, ils tirent jusqu'à 500 mètres, lorsque l'étendue du champ de tir le permet.
300	1	6	2	6	2	6	«	«	«	«	5	30	
200	2	6	3	6	«	«	«	«	«	«	5	30	
100	5	6	«	«	«	«	«	«	«	«	5	30	

TABLEAUX ET MODÈLES

Avec les modifications apportées aux tableaux numéros 1, 3 et 4 de l'Instruction sur le Tir, en date du 1er novembre 1867, en vertu de la circulaire du 31 décembre suivant qui réduit, pour l'année 1868, à 72, le nombre de cartouches fixé à 148 par l'Instruction.

ÉTENDUE supposée du champ de tir.	200 — 2 cibles noir circulaire, 0m,20 de diamètre.		300 — 3 cibles noir circulaire, 0m,30.		400 — 4 cibles noir carré, 0m,40 de côté.		500 — 5 cibles noir carré, 0m,50.		600 — 6 cibles noir carré, 0m,60.		800 — 8 cibles noir carré, 0m,80.		1000 — 10 cibles noir carré, 1 mètre.		TOTAL DES		1re CLASSE.		2e CLASSE.		OBSERVATIONS.
DIMENSION des cibles. NOMBRE DE →	séances.	balles par séance.	séances.	balles par séance.	séances.	balles par séance.	séances.	balles par séance.	séances.	balles par séance.	séances.	balles par séance.	séances.	balles par séance.	séances.	balles.	Coefficient ou nombre de balles à mettre dans la cible.	Nombre total de balles suivant l'étendue du champ de tir.	Coefficient ou nombre de balles à mettre dans la cible.	Nombre total de balles suivant l'étendue du champ de tir.	
1000	2	6	2	6	1	6	1	4	1	3	1	3	1	2	9	42	1. A.	25	1. B.	16	
800	2	6	2	6	1	6	1	4	1	3	1	5			8	42		26		17	
600	2	6	2	6	1	6	1	6	1	6					7	42		28		18	
500	3	6	2	6	1	5	1	6							7	42	Indéterminé	29	Indéterminé	19	
400	3	6	3	6	1	6									7	42		30		20	
300	4	6	3	6											7	42		31		21	
200	7	6													7	42		32		22	

OBSERVATIONS. — Chaque tir de 6 balles est exécuté en 2 séries de 3 balles chacune. Les balles de la première série sont tirées debout, les trois dernières à genou ou couché. — A. B. Pour les polygones de 1000 mètres, il [suffit] de mettre une balle aux deux distances de 1000 et de 800 mètres; pour les polygones de 800 mètres également, 1 balle sur 5 tirées. — Les [co]efficients des autres distances sont indéterminés. — On ne doit avoir égard, pour le classement, qu'au nombre total des balles mises à la fin des tirs, quelle [que] soit d'ailleurs l'étendue du champ de tir.

	ORDRE À SUIVRE POUR L'EXÉCUTION DES TIRS (CHAMP DE TIR DE 1000m).							
Numéros des séances.	1re, 9e.	2e, 3e.	4e.	5e.	6e.	7e.	8e.	La première et la dernière séance de tir ont toujours lieu, autant que possible, à 200 mètres. Ces deux tirs comparatifs servent à juger des progrès effectués par les tireurs.

Tir de la compagnie hors rang.

DISTANCES.	100		200		300		TOTAUX DES		OBSERVATIONS.
	Séan-ces.	Balles tirées.	Séan-ces.	Balles tirées.	Séan-ces.	Balles tirées.	Séan-ces.	Balles tirées.	
300^m	1	9	1	9	1	9	3	27	NOTA. — La compagnie hors rang ne tire pas au delà de 300 mètres, quelle que soit l'étendue du champ de tir. — Les sapeurs seuls tirent à toutes les distances.
200^m	1	9	2	9			3	27	
100^m	3	9					3	27	

DIMENSIONS DES CHAMPS DE TIR.

Feux d'ensemble.

ESPÈCES DE FEUX.		NOMBRE DE			DISTANCES.
		séances.	bases d'alignement.	balles tirées.	(Fusil modèle 1866.)
Feux de tirailleurs	de pied ferme .	1	2	6 en 3 séries	de 150 à 300ᵐ.
	en avant et en retraite . . .	1	2	12 en 2 reprises.	1ʳᵉ reprise de 600 à 300ᵐ, 2ᵉ reprise de 800 à 400ᵐ.
Feux à volonté.	debout ou à gauche . . .		1	3 en 1 série.	400ᵐ.
Feux de peloton	debout ou à gauche . . .	1	3	9 en 3 séries.	400ᵐ (3) 500ᵐ (3) 600ᵐ (3) } 9
Totaux		3		30	

NOTA. — Lorsque les champs de tir ne permettent pas d'exécuter des feux d'ensemble, les 30 cartouches réservées à ces espèces de feux seront tirées aux tirs individuels et proportionnellement au nombre alloué pour chaque distance. Dans ce cas également, le nombre de balles à mettre dans la cible, pour le classement des tireurs, sera augmenté dans la proportion de 42 à 72.

JEUNES SOLDATS DE LA RÉSERVE.

1re ANNÉE D'EXERCICES.

DISTANCES.	100		200		300		400		500		TOTAUX.		OBSERVATIONS.
NOMBRE de séances et de balles à tirer dans chaque séance.	NOMBRE de séances.	de balles.	NOMBRE de séances.	de balles.	NOMBRE de séances.	de balles.	NOMBRE de séances.	de balles.	NOMBRE de séances.	de balles.	NOMBRE de séances.	de balles.	
Étendue supposée du champ de tir.													Les 6 balles sont tirées 3 debout et 3 à genou. — La première année, les jeunes soldats ne tirent pas au delà de 300 mètres.
300	2	6	2	6	2	6	«	«	«	«	6	36	
200	3	6	3	6	«	«	«	«	«	«	6	36	
100	6	6	«	«	«	«	«	«	«	«	6	36	

2e ANNÉE D'EXERCICES.

DISTANCES.	100		200		300		400		500		TOTAUX.		OBSERVATIONS.
600	1½	6	2	6	1	6	1	6	1	6	6	36	
400	2	6	2	6	1	6	1	6	«	«	6	36	La 2e année, ils tirent jusqu'à 500 mètres, lorsque l'étendue du champ de tir le permet.
300	2	6	2	6	2	6	«	«	«	«	6	36	
200	3	6	3	6	«	«	«	«	«	«	6	36	
100	6	6	«	«	«	«	«	«	«	«	6	36	

RÉGIMENT D'INFANTERIE.

BATAILLON. — (*Lettre.*) — COMPAGNIE.

Situation de la compagnie pour la cible, du 12 avril (vent très-fort d'arrière).

TIR INDIVIDUEL A 100 MÈTRES.

Effectif de la compagnie. 94

Absents ou indisponibles. 25

Reste pour le tir 69

Nombre de balles tirées 621

NUMÉROS annuels.	NOMS des TIREURS.	INSCRIPTION des BALLES MISES.	TOTAUX.	NUMÉROS annuels.	NOMS des TIREURS.	INSCRIPTION des BALLES MISES.	TOTAUX.
1	Vigoureux	0.0.1.1.0.1.0.1.1	5	136	Dubraud	Report . . .	
4	Gaston	0.1.0.0.1.1.1.0.1	5				
19	Berger						
20	Montégu						
52	Pellerin						
53	Briquet						
54	Paul						
55	Lasource						
131	Perrin						
133	Delliers						
135	Dubernard . . .						
	A reporter					Total	397

Le Capitaine commandant la compagnie,

NOMS DES ABSENTS ET INDISPONIBLES.

Rodolphe Gacheux Blondel Rivière	} à l'hôpital.	Bienfait Breguet Lucas Laurent	} à l'infirmerie.	Peter Parit Klein Prost } en congé.	Larue Palis } de garde. Passas Bourdon } de cuisine.

Lorsqu'on rappelle le tir des hommes en retard, les situations sont tracées de la manière suivante :
On suppose que des tireurs en retard aux distances de 100 et 200 mètres, soient à rappeler.

MODÈLE A.

Numéros annuels.	NOMS DES TIREURS EN RETARD.	100 MÈTRES (1er tir).	Totaux.	100 MÈTRES (2e tir).	Totaux.	200 MÈTRES (1er tir).	Totaux.	200 MÈTRES (2e tir).	Totaux.
19	Nicolas					1.1.0.0.1,1.0.0.0.	4	1.1.1.1.0.1,0.0.0	5
52	Louis	0.0.0.0.0.1.1.0.1.	3						
104	Pierre			1.1.0.0.1.1.1.1.1	7				
106	Bouton			0.0.0.0.1.1.1.0.1	4	0.1.1.1.1.1.0.0.0	5	1.1.0.1.1.1.0.0.0	5
	Totaux		3		11		9		10
	Nombre de tireurs		1		2		2		2

NOTA. Avant d'aller sur le terrain de tir, on barrera, pour chaque tireur, les colonnes des distances pour lesquelles il n'est pas en retard et on laissera en blanc celles pour lesquelles il est en retard, pour les remplir ensuite sur le terrain, au fur et à mesure que les tirs se feront.

Le capitaine de tir se fera remettre en outre un bulletin séparé pour chaque séance de tir. Ces bulletins séparés seront réunis à la 1re situation de tir de la compagnie.

La situation qui a servi à l'inscription des résultats sur le terrain, est celle qui est remise d'abord à l'officier de tir, puis au capitaine de tir. On ne doit point la recopier, sous prétexte de netteté dans les écritures.

RÉGIMENT D'INFANTERIE.

BATAILLON — (*Lettre.*) — COMPAGNIE.

Situation de la compagnie pour le tir à la cible du 19 août.

FEUX DE TIRAILLEURS EN AVANT ET EN RETRAITE.

Effectif de la compagnie 97

Absents ou indisponibles. . . . . . . 19 ⎫
⎬ 32
Ne prenant pas part au tir . . . . . . 13 ⎭

Reste pour le tir 65

| DISTANCES | NOMBRE | | | Pour | DURÉE | OBSERVATIONS. |
| | | | | | | |
DE TIR.	de tireurs.	de balles tirées.	de balles mises.	cent.	moyenne du tir.	
De 540 à 357 mètres . .	65	585	275	47.0	3'	
De 750 à 550 — . .	65	585	190	32.5	3'48''	
Totaux	130	1170	465	39.7		

Le Commandant de la compagnie,

RÉGIMENT — D'INFANTERIE.

PREMIÈRE PARTIE.

e BATAILLON. — (Le   tre.) — e COMPAGNIE.   1867.

(Instruction ministérielle du 1er novembre 1867.)

ANNÉE

TIRS INDIVIDUELS.

Contrôle général des sous-officiers, caporaux et soldats servant à l'inscription des résultats du tir à la cible.

Nos ANNUEL.	NOMS.	GRADES.	100 mètres 1er tir 9/12 avril.	100 mètres 2e tir 9/17 avril.	200 mètres 1er tir 9/3 avril.	200 mètres 2e tir 9/9 avril.	200 mètres 3e tir 9/11 août.	300 mètres 1er tir 9/22 mai.	300 mètres 2e tir 9/4 juin.	400 mèt. 9/8 juin.	500 mèt. 9/8 juill.	600 mèt. 9/16 juill.	800 mèt. 5/29 juill.	1000 mèt. 5/4 août.	TOTAUX.	CLASSEMENT.	MUTATIONS ET OBSERVATIONS.
1	Vigouroux....	sergt.-major.	7	8	7.	6	5	6	4	4	3	3	1	0	54	2e	
4	Gaston.....	sergent.	9	9	6	7	7	5	4	5	2	4	2	0	61	1re	
9	Guérin......	id.	6	7	5	5	8	4	4	3	4	3	0	1	50	2e	Venu des voltigeurs du 2e bat. le 25 mai.
10	Montégu.....	id.	8	9	9	7	9	6	5	8	8	4	2	1	72	1re	Venu des caporaux de la 4e cie, du 3e bat. le 14 juillet.
19	Berger......	caporal.	6	4	8	3	1	2	4	6	2	0	1	0	32	3e	
43	Riche......	tambour.														N. C.	Non armé.
52	Ga...	fusilier.	6	7	8	—	5	4	3	—	—	—	—	—	33	—	Libéré le 7 juin.
Nombre de balles mises	dans la cible.		28	28	24	16	35	21	16	18	12	14	6	2	220		
	hors la cible.		14	16	14	12		8	5	6	6	2	3	2	79		

Nᵒˢ annuels	NOMS.	GRADES.	100 mètres		200 mètres			300 mètres		400 mèt.	500 mèt.	600 mèt.	800 mèt.	1000 mèt.	TOTAUX	CLASSEMENT.	MUTATIONS ET OBSERVATIONS.
			1ᵉʳ tir, 9, 11 avril.	2ᵉ tir, 9, 17 avril.	1ᵉʳ tir, 9, 3 avril.	2ᵉ tir, 9, 9 avril.	3ᵉ tir, 9, 12 août.	1ᵉʳ tir, 9, 21 mai.	2ᵉ tir, 9, 4 juin.	9, 8 juin.	9, 8 juill.	9, 18 juill.	5, 29 juill.	5, 4 août.			
	Report des balles mises { dans la Cᵉ.		28	28	24	16	35	21	16	18	12	14	6	2	220		
	hors la Cᵉ.		14	16	14	12	«	6	5	6	6	«	«	«	79		
131	Delliers	fusilier.	8	7	7	6	5	6	4	5	3	3	0	0	54	2ᵉ	
132	Périn	id.	7	8	6	—	—	—	—	—	—	—	—	—	21	—	Mort le 15 juillet, étant à l'hôpital du 9 avril.
133	Hameau	id.														N.G.	Infirmier auxiliaire du 1ᵉʳ avril au 31 décembre.
134	Dubernard	id.	—	—	—	—	—	4	3	3	5	—	—	—	15	3ᵉ	Rentré de congé le 23 mai, employé com. secr. du gén. com. la subd. du 15 juill. au 31 déc.
135	Badioux	id.														3ᵉ	Jeune soldat arrivé au corps le 12 août.
136	Jacques	id.	8	7	8	6	6	7	5	6	4	4	2	2	65	3ᵉ	Venu du 14ᵉ de ligne le 1ᵉʳ sept. avait exécuté son tir à Sathonay, champ de tir de 200 mèt.
137	Georges	id.	5	6	4	4	9	7	5	6	8	4	0	0	53	2ᵉ	Venu de la 4ᵉ comp. du 3ᵉ bat. le 4 juin, ayant exécuté 5 tirs, a complété son tir.
	Balles mises { dans la Cᵉ.		372	357	363	378	381	294	309	250	198	144	64	41	3,157		
	hors la Cᵉ.		37	39	26	22	6	20	10	13	10	4	2	2	270		
	Nombre de tireurs dans la cᵉ.		80	20	80	80	81	78	78	76	74	74	74	71	866		
	Nombre de balles mises dans la compagnie.		720	720	720	720	729	702	702	684	666	666	370	355	7,754		
	Pour cent des tirs individuels dans la compagnie.		51,6	49,5	50,4	52,5	52,3	41,9	44,0	37,4	29,7	21,6	17,3	11,5	40,7		

          MODÈLE B (*suite*).

Décomposition, par classe de tireurs, de l'ef-
fectif de la compagnie au 31 décembre.

DÉSIGNATION des CLASSES.	SOUS-OFFICIERS.	ANCIENS SOLDATS.	JEUNES SOLDATS.	TOTAUX.
1re classe				
2e classe				
3e classe				
Non classés . . .				
Total . . .				
Total égal à l'effectif de la compagnie, au 31 décembre . . .				

Explications pour la tenue des tableaux
qui précèdent.

Les renseignements relatifs au classement des jeunes soldats sont fournis par le lieutenant instructeur de tir du bataillon.

L'usage des guillemets est interdit: lorsqu'il n'y a pas eu de balles mises dans la cible, on met zéro à la ligne des résultats. Lorsqu'un homme a manqué au tir de la compagnie, on laisse la ligne des résultats en blanc, jusqu'à ce qu'on puisse la remplir, en faisant le rappel, sans indiquer le motif de l'absence, à la colonne *Observations*. La date mise en tête de la colonne est celle du tir de la compagnie. Les mutations des gains et pertes doivent être mentionnées aux observations. Lorsqu'un homme quitte la compagnie, on barre son nom, on tire un trait noir sur le restant de la ligne, à partir du dernier résultat obtenu jusqu'à la dernière colonne, on porte le total de ses balles mises dans la colonne *Totaux*, on barre sa case du classement et on porte la mutation dans la colonne d'observations. (V. *au tableau, pour exemple, le nommé Ga.*) Lorsqu'un homme arrive à la compagnie, on transcrit à l'encre rouge le résultat de ses tirs antérieurs, qui doivent servir pour son classement. (V. *pour exemple, au tableau, le nommé Montégu.*) Les totaux ne doivent être arrêtés qu'à la fin de l'année, au moment où le colonel en donne l'ordre, sur la demande du capitaine de tir. Les hommes étant inscrits dans l'ordre de leurs numéros annuels, la feuille de compagnie devra comprendre tous les jeunes soldats, mais les lignes des résultats de leurs tirs devront rester en blanc. (V. *pour exemple le nommé Badioux.*) On additionnera horizontalement, pour la formation des classes, les résultats inscrits à l'encre rouge avec ceux obtenus dans la compagnie; on additionnera verticalement : 1º les résultats de la compagnie qui doivent seuls figurer sur le registre du bataillon; 2º et, à part, les résultats inscrits à l'encre rouge.

Lorsqu'au 31 décembre on arrête la feuille de tir de la compagnie, tout homme n'ayant fait qu'une partie des tirs individuels est classé d'après le total des balles qu'il a mises dans la cible, et on porte en observation le motif qui l'a empêché de terminer ses tirs. (V. *pour exemple le nommé Dubernard.*) Tout homme n'ayant exécuté aucun tir pendant l'année, est porté comme *non classé* par les initiales N. C. dans la case du classement, et le motif en est indiqué dans la colonne d'observations. (V. *pour exemples les nommés Riche et Hameau.*)

Lorsque les totaux dans la compagnie sont vérifiés et arrêtés pour toutes les distances, on multiplie par 9 ou par 5, suivant le cas, le nombre de tireurs à chaque distance, ce qui donne, pour chacune d'elles, le nombre de balles tirées. Le pour cent, pour chaque distance, s'obtient en divisant le nombre de balles mises, multiplié par 100, par le nombre de balles tirées.

La décomposition par classe de tireurs de l'effectif de la compagnie se fait au 31 décembre; elle s'applique exclusivement aux hommes existant à l'effectif de la compagnie à cette date, soit qu'ils aient été instruits dans la compagnie, soit qu'ils aient été instruits dans une autre compagnie ou dans un autre corps.

DEUXIÈME PARTIE. — *Feux d'ensemble.*

ESPÈCES DE FEU.	DATES.	DISTANCES.	NOMBRE DE			POUR CENT.	OBSERVATIONS.
			tireurs.	balles tirées.	balles mises.		
Feu de tirailleurs { de pied ferme...	1er août.	170m	40	120	43	35.8	
		250m	40	120	19	15.8	
		295m	40	120	10	8.3	
		Totaux.	40	860	72	20.0	
{ en marchant...	7 août.	de 540m à 420m	41	369	90	24.3	
		de 750m à 620m	41	369	41	11.1	
Feux à volonté, debout ou à genou...	11 août.	300m	40	240	196	79.0	
		400m	40	240	136	56.6	
Feux de peloton.......	11 août.	400m	40	120	52	43.3	
		500m	40	120	38	31.7	
		600m	40	120	29	24.2	
		Totaux...	402	1938	654	33.7	

REGISTRE DE BATAILLON.

PREMIÈRE PARTIE. — ANCIENS SOLDATS.

Récapitulation des tirs exécutés par les compagnies du bataillon.

ESPÈCES DE FEUX.	DIMEN-SION du champ de tir.	DIS-TANCES.	NOMBRE			POUR CENT.	OBSER-VATIONS.
			de tirs par dis-tance.	de coups tirés.	de balles mises.		
(GRENADIERS.)							
Tirs individuels..........	200ᵐ	100ᵐ	4	3,060	2,295	75.0	
		200ᵐ	7	5,355	2,516	46.9	
Totaux.....	....	....		6,381	3,888	53.1	
Feux à volonté.... { debout ou à genou.	200ᵐ	....	2	840	560	66.6	
Feux de peloton...........	200	....	3	630	412	65.4ʼ	
Totaux................				1,470	672	66.1	
Consommation totale de la compagnie ...				7,851	4,360	55.5	
1ʳᵉ COMPAGNIE.							
		100ᵐ	2	960	780	81.2	
		200	3	1,458	1,022	70.0	
		300	2	1,404	894	63.6	
		400	1	675	304	45.0	
Tirs individuels............	1,000ᵐ	500	1	702	203	28.8	
		600	1	450	128	28.5	
		800	1	456	91	19.0	
		1,000	1	456	52	11.4	
Totaux:...............				5,561	3,474	52.2	

NOTA. — Même tracé que ci-dessus pour les autres compagnies du bataillon. La compagnie hors rang sera portée à la gauche des compagnies du dépôt, mais ses tirs ne seront pas récapitulés avec ceux des autres compagnies.

ESPÈCES DE FEUX.	DIMEN-SION du champ de tir.	DIS-TANCES.	NOMBRE			POUR CENT.	OBSER-VATIONS.
			de tir par dis-tance.	de coups tirés.	de balles mises.		
1er COMPAGNIE (*suite*).							
Feux de tirailleurs. { de pied ferme.		170,225 290m .	1	603	272	45.1	
en avant et en retraite.		de 547 à 397m .	1	567	275	48.5	
		de 729 à 514m .	1	594	239	40.4	
Feux à volonté. { debout ou à genou.	1,000m	300m .	1	558	281	50.3	
		400 . .	1	558	235	42.1	
Feux de peloton		400 . .	1	279	176	63.1	
		500 . .	1	279	133	47.6	
		600 . .	1	279	101	36.1	
Totaux				3,015	1,390	46.1	
Consommation				10,981			

RÉCAPITULATION.

		DIS-TANCES.	de tir par dis-tance.	de coups tirés.	de balles mises.	POUR CENT.	
Tirs individuels		100m	2	5,952	4,280	73.1	
		200	3	20,789	17,320	83.5	
		300	2	4,339	2,990	68.3	
		400	1	2,502	997	39.8	
		500	1	2,522	741	80.0	
		600	1	1,332	268	20.1	
		800	1	1,396	185	13.9	
		1,000	1	1,308	127	9.7	
Totaux				39,810	26,908	67.5	

ESPÈCES DE FEUX.	DIMEN-SION du champ de tir.	DIS-TANCES.	NOMBRE			POUR CENT.	OBSER-VATIONS.
			de tirs par dis-tance.	de coups tirés.	de balles mises.		
RÉCAPITULATION (*suite*).							
Feux de tirailleurs . { de pied ferme.	. . . . .	. . . . .		1,260	504	40.0	
en avant et en retraite.	. . . . .	1re reprise 2e reprise		1,638	792	48.3	
				1,638	637	38.8	
Feux à volonté . . . { debout ou à genou.	. . . . .	200m 300 . . 400 . .		2,072	1,581	73.3	
				11,760	8,432	71.7	
				7,920	5,280	66.6	
Feux de peloton	. . . . .	200 . . 400 . . 500 . . 600 . .		546	836	61.8	
				8,820	4,410	50.0	
				8,820	3,966	45.0	
				8,820	3,344	37.9	
Totaux				53,294	29,282	54.9	
Consommation totale				93,104			

DEUXIÈME PARTIE.

JEUNES SOLDATS.

La deuxième partie du registre de bataillon est tracée comme la première. Les résultats y sont inscrits comme ceux d'une compagnie.

TROISIÈME PARTIE.

Récapitulation générale.

1° TIRS INDIVIDUELS.

INDICATION des COMPAGNIES.	LIEUX de résidence où les tirs ont été effectués.	DIMENSION du champ de tir.	NOMBRE de coups tirés.	NOMBRE de balles mises.	pour cent.	OBSERVATIONS.
(Grenadiers) . .	Orléans.	200^m	6,881	3,388	53.1	
1re	Vincennes.	1000	7,263	3,796	52.2	
2e	Id.	Id.	5,670	2,971	52.4	
3e	Id.	Id.	6,030	2,985	49.5	
4e	Orléans.	200	6,426	3,329	51.8	
(Voltigeurs) . .	Id.	Id.	8,526	6,836	78.9	
Jeunes soldats.	Id.	Id.	5,949	2,845	47.8	
Totaux			46,245	25,650	55.4	

2° FEUX D'ENSEMBLE.

INDICATION des COMPAGNIES.	LIEUX de résidence où les tirs ont été effectués.	DIMENSION du champ de tir.	NOMBRE de coups tirés.	NOMBRE de balles mises.	pour cent.	OBSERVATIONS.
(Grenadiers) . .	Orléans.	200^m	1,470	972	66.1	*Consommation de l'année.*
1re	Vincennes.	1000	3,717	1,712	46.1	
2e	Id.	Id.	12,120	6,060	50.0	Tirs individuels . . 46,245
3e	Id.	Id.	12,545	7,028	56.0	Feux d'ensemble . . 55,443
4e	Orléans.	200	11,058	5,642	51.0	Tirs de MM. les Offi-
(Voltigeurs) . .	Id.	Id.	12,384	6,192	50.1	ciers 2,160
Jeunes soldats.			2,149	967	45.0	Concours de tir . . 90
						Cartouches avariées
						remplacées . . . 72
Totaux			55,443	28,573	51.6	Tirs d'essai 645
Total des tirs individuels . .			46,245			Total . . 104,655
Total général . .			101,688			

Vu et vérifié,

Le Chef de bataillon;

QUATRIÈME PARTIE.

Décomposition, par classe de tireurs, de l'effectif du bataillon au 31 décembre.

DÉSIGNA-TION des compagnies.	DIMENSION du champ de tir ayant déterminé les conditions du classement.	SOUS-OFFICIERS.				ANCIENS SOLDATS.				JEUNES SOLDATS.				TOTAL par compagnie.
		1re classe.	2e classe.	3e classe.	Non classés.	1re classe.	2e classe.	3e classe.	Non classés.	1re classe.	2e classe.	3e classe.	Non classés.	
(Grenadiers) 1re .... 2e .... 3e .... 4e .... (Voltigeurs)														
Totaux														

REGISTRE DE RÉGIMENT.

ᵉ RÉGIMENT D'INFANTERIE.

PREMIÈRE PARTIE.

ANCIENS SOLDATS.

ESPÈCES DE FEUX.	DIMEN-SION du champ de tir.	DISTAN-CES.	NOMBRE		POUR CENT.	OBSERVATIONS.
			de coups tirés.	de balles mises.		
1ᵉʳ BATAILLON.						
Tirs individuels		100ᵐ	5,952	5,627	94.5	
		200	20,789	14,563	70.2	
		300	4,329	2,531	58.4	
		400	2,502	967	38.6	
		500	2,403	784	32.6	
		600	1,332	258	19.3	
		800	1,326	185	13.9	
		1000	1,308	127	9.7	
Totaux			37,488	24,258	63.0	
Feux de tirailleurs. en avant et en retraite. { de pied ferme.			1,269	504	40.0	
		1ʳᵉ reprise	1,638	792	48.3	
		2ᵉ reprise	1,636	637	38.2	
Feux à volonté. { debout ou à genou.		200ᵐ	2,072	1,581	76.3	
		300	1,912	1,452	75.9	
		400	1,332	1,013	76.0	
Feux de peloton		200	546	335	61.3	
		400	1,548	774	50.0	
		500	1,548	702	45.3	
		600	1,548	506	32.6	
Totaux			17,341	8,296	47.8	

Récapitulation par distances et par genres de feux.

ESPÈCES DE FEUX.	DIMEN-SION du champ de tir.	DISTAN-CES.	NOMBRE de balles tirées.	de balles mises.	POUR CENT.	OBSERVATIONS.
		100m	17,644	16,252	92.1	
		200	60,044	41,498	69.1	
		300	12,845	7,758	60.3	
Tirs individuels		400	7,494	2,961	39.5	
		500	6,368	2,117	30.0	
		600	4,015	702	17.4	
		800	3,886	550	14.1	
		1,000	3,952	399	10.0	
Totaux			116,242	72,237	62.2	
Feux de tirailleurs. { De pied ferme			18,780	6,587	47.9	
En avant		1re repr.	14,914	7,457	50.0	
et en retraite.		2e repr.	14,945	5,850	39.1	
Feux à volonté. { Debout		200m	16,316	12,620	77.3	
ou		300	15,736	9,256	58.7	
à genou.		400	13,896	8,039	57.4	
		200m	11,645	6,065	52.1	
Feux de peloton . . . ? . . .		400	14,645	7,322	50.0	
		500	14,000	5,872	41.9	
		600	14,570	4,240	29.1	
Totaux			151,946	73,508	48.2	

DEUXIÈME PARTIE.
JEUNES SOLDATS.

La deuxième partie du registre de régiment est tracée comme la première; les tirs des jeunes soldats sont récapitulés par distances et par espèces de feux, ainsi qu'il est indiqué pour les anciens soldats.

TROISIÈME PARTIE.

Récapitulation générale.

1° TIRS INDIVIDUELS.

ANCIENS SOLDATS.

DÉSIGNATION des bataillons.	des compagnies.	LOCALITÉS où les tirs ont été exécutés.	DIMENSION du champ de tir.	NOMBRE de coups tirés.	de balles mises.	POUR CENT.	OBSERVATIONS.
1er	(Grenadiers)	Orléans	200ᵐ	6,581	5,498	86.8	
	1re	Vincennes	1,000	5,859	3,144	53.6	
	2e	Id.	Id.	5,670	2,971	52.4	
	3e	Id.	Id.	6,030	2,985	49.5	
	4e	Orléans	200	6,426	3,329	51.8	
	(Voltigeurs)	Id.	Id.	7,122	5,886	88.9	
2e	(Grenadiers)						
	1re						
	2e						
	3e						
	4e						
	(Voltigeurs)						
3e	(Grenadiers)						
	1re						
	2e						
	3e						
	4e						
	(Voltigeurs)						
Dépôt. 1er	5e						
	6e						
2e	5e						
	6e						
3e	5e						
	6e						
	Totaux			109,880	70,120	63.8	

JEUNES SOLDATS.

DÉSIGNATION des bataillons.	des compagnies.	LOCALITÉS où les tirs ont été exécutés.	DIMENSION du champ de tir.	NOMBRE de coups tirés.	de balles mises.	POUR CENT.	OBSERVATIONS.
1er		Vincennes..	1,000m	5,949	2,845	47.8	
2e		Id.	Id.				
3e		Id.	Id.				
Dépôt.		Id.	Id.				
		Totaux....		23,546	11,280	47.9	

Report des Totaux précédents.

	de coups tirés.	de balles mises.	POUR CENT.
Anciens soldats....	109,880	70,120	63.8
Jeunes soldats....	28,546	11,280	47.9
Totaux généraux pour les tirs individuels	133,426	81,400	60.2

2° FEUX D'ENSEMBLE.

ANCIENS SOLDATS.

bataillon	compagnie	localité	dimension	de coups tirés.	de balles mises.	POUR CENT.	OBSERVATIONS.
1er	(Grenadiers)	Orléans...	200m	1,491	1,192	80.2	*Consommation de l'année.*
	1re....	Vincennes..	1,000	2,847	1,432	50.2	Tirs individuels 133,426
	2e....	Id.	Id.	2,592	1,375	53.0	Feux d'ensemble.... 51,586
	3e....	Id.	Id.	3,018	1,501	49.7	
	4e....	Orléans...	200	1,530	1,072	70.0	Tirs de MM. les Officiers... 6,570
	(Voltigeurs).	Id.	Id.	2,857	2,118	74.1	Concours de tir 240
2e	(Grenadiers)						Cartouches avariées remplacées.... 540
	1re....						Tirs d'essai.. 630
	2e....						
	3e....						
	4e....						
	(Voltigeurs)						Total... 192,992

DÉSIGNATION		LOCALITÉS où les tirs ont été exécutés.	DIMEN- SION du champ de tir.	NOMBRE		POUR CENT.	OBSERVATIONS.
des bataillons.	des compagnies.			de coups tirés.	de balles mises.		
3e	(Grenadiers)						
	1re						
	2e						
	3e						
	4e						
	(Voltigeurs).						
Dépôt. 1er	5e						
	6e						
2e	5e						
	6e						
3e	5e						
	6e						
	Totaux . . .			42,946	26,053	60.6	

JEUNES SOLDATS.

1er		Vincennes. .	1,000m	2,149	967	58.6
2e		Id.	Id.			
3e		Id.	Id.			
Dépôt.		Id.	Id.			
		Totaux		8,640	3,790	43.8

Report des Totaux précédents.

Anciens soldats. . . .		42,946	26,053	60.6
Jeunes soldats		8,640	3,790	43.8
Totaux généraux pour les feux d'ensemble		51,586	29,843	57.8

QUATRIÈME PARTIE.

Décomposition par classes de l'effectif du corps, au 31 décembre 18

DÉSIGNATION des BATAILLONS.	CLASSES.				TOTAUX.	TOTAUX généraux.	OBSERVATIONS.
	1re classe.	2e classe.	3e classe.	Non classés.			
SOUS-OFFICIERS.							
1er bataillon . .	10	21	4	1	36		
2e id. . .	11	20	3	2	36		
3e id. . .	12	19	5	0	36		
Dépôt	11	18	6	0	35	143	
Totaux . .	44	78	18	3	143		
ANCIENS SOLDATS.							
1er bataillon . .	90	150	209	5	454		
2e id. . .	87	142	198	2	429		
3e id. . .	92	130	172	1	395		
Dépôt	54	112	164	2	332	1,610	
Totaux . . .	323	534	743	10	1,610		
JEUNES SOLDATS.							
1er bataillon . .	11	41	56	8	116		
2e id. . .	10	34	69	21	134		
3e id. . .	13	46	58	9	126		
Dépôt	15	50	79	10	154	530	
Totaux . . .	49	171	262	43	530		
Total égal à l'effectif du corps au 31 décembre 186 . . .						2,283	

LIVRET DU **FUSILIER BERTRAND.**

TIR A LA CIBLE.

A commencé les exercices de tir le 15 mars 1867.

ANNÉES.	NOMBRE DE BALLES MISES.												TOTAUX.	DIMENSION du champ de tir ayant déterminé les conditions de classement.	NUMÉROS du classement.	OBSERVATIONS.
	1er tir.	2e tir.	3e tir.	4e tir.	5e tir.	6e tir.	7e tir.	8e tir.	9e tir.	10e tir.	11e tir.	12e tir.				
1867	8	8	6	9	7	5	4	5	2	2	1	2	59	1,000m	2e	
1868	7	8	7	9	6	7	5	8	7	2	3	3	72	300	2e	
1869	6	7	9	8		4							84	300	3e	
1870	8	7	9	8	9	3	4	6	5	6	2	1	68	600	1re	
1871																
1872																
1873																
1874																

NOTA. — Lorsqu'un homme aura manqué à un ou plusieurs tirs, et qu'il aura été impossible de lui en faire le rappel dans l'année, la ligne des résultats restera en blanc, et le classement se fera d'après le total des balles mises.

CARNET DE L'OFFICIER DE TIR DU BATAILLON.

Chaque page du carnet, verso ou recto, **ne doit contenir que le tir d'une distance.**

1er TABLEAU. — 1er tir à 100 mètres (3e séance).

DATES.	GRENADIERS.		1re COMPAGNIE.		2e COMPAGNIE.		3e COMPAGNIE.		4e COMPAGNIE.		VOLTIGEURS.		TOTAUX	
	Balles tirées.	Balles mises.	Balles tirées.	Balles mises.	Balles tirées.	Balles mises.	Balles tirées.	Balles mises.	Balles tirées.	Balles mises.	Balles tirées.	Balles mises.	des balles tirées.	des balles mises.
12 avril	648	442	594	397	594	256							1,836	1,095
17 avril							558	254	549	251	657	436	1,764	941
19 avril	18	14	9	5			27	21			9	8	63	48
4 juin	27	19			36	28	9	6	18	13			90	66
3 octobre	9	7	18	13	9	9	27	17	36	25	45	33	144	104
Totaux . . .	702	482	621	415	639	293	621	298	603	289	711	477	3,897	2,254

Nota. — Douze tableaux sont établis d'après le même modèle et remplis d'après les mêmes principes ; on suppose un champ de tir de 1,000 mètres.

1er — 1er tir à 100m (3e séance).
2e — 2e tir à 100 (4e séance).
3e — 1er tir à 200 (1re séance).
4e — 2e tir à 200 (2e séance).
5e — 3e tir à 200 (12e séance).
6e — 1er tir à 300 (5e séance).
7e — 2e Tir à 300m (6e séance).
8e — Tir à 400 (7e séance).
9e — Tir à 500 (8e séance).
10e — Tir à 600 (9e séance).
11e — Tir à 800 (10e séance), 5 balles.
12e — Tir à 1,000 (11e séance), 5 balles.

Tirs individuels des jeunes soldats.

DATES.	100ᵐ. 1er tir, 3e séance.		100ᵐ. 2e tir, 4e séance.		200ᵐ. 1er tir, 1re séance.		200ᵐ. 2e tir, 2e séance.		200ᵐ. 3e tir, 12e séance.		300ᵐ. 1er tir, 5e séance.		300ᵐ. 2e tir, 6e séance.		400ᵐ. 7e séance.		500ᵐ. 8e séance.		600ᵐ. 9e séance.		800ᵐ. 10e séance.		1000ᵐ. 11e séance.	
	Balles tirées.	Balles mises.	Balles tirées.	Balles mises.	Balles tirées.	Balles mises.	Balles tirées.	Balles mises.	Balles tirées.	Balles mises.	Balles tirées.	Balles mises.	Balles tirées.	Balles mises.	Balles tirées.	Balles mises.	Balles tirées.	Balles mises.	Balles tirées.	Balles mises.	Balles tirées.	Balles mises.	Balles tirées.	Balles mises.
Totaux . . .																								

DÉSIGNATION des compagnies.	1re SÉANCE.					2e SÉANCE. — 1re REPRISE.					2e SÉANCE. — 2e REPRISE.				
	Dates.	Distances.	Balles tirées.	Balles mises.	Durée totale du tir.	Dates.	Distances.	Balles tirées.	Balles mises.	Durée totale du tir.	Dates.	Distances.	Balles tirées.	Balles mises.	Durée totale du tir.
(Grenadiers) .	2 sept.	165m 230 295	360	72	3'	14 sept.	540m 357	369	148	3'40''	14 sept.	750m 550	369	142	3'45''
1re compagnie	Id.	Id.	450	89	2'40''	Id.	Id.	441	162	4'	Id.	Id.	441	138	4'20''
2e id.	Id.	Id.	441	91	3'20''	Id.	Id.	450	161	4'	Id.	Id.	450	129	4'20''
3e id.	5 sept.	150 225 800	459	94	2'35''										
4e id.	Id.	Id.	495	103	2'45''										
(Voltigeurs) . .	Id.	Id.	387	79	3'30''										
Totaux . . Jeunes soldats															
Totaux . .															

15e TABLEAU.

DÉSIGNATION des COMPAGNIES.	FEUX À VOLONTÉ.						FEUX DE PELOTON.									OBSERVATIONS.
	À 300ᵐ.			À 400ᵐ.			À 400ᵐ.			À 500ᵐ.			à 600ᵐ.			
	Balles tirées.	Balles mises.	Durée du tir.	Balles tirées.	Balles mises.	Durée du tir.	Balles tirées.	Balles mises.	Durée du tir.	Balles tirées.	Balles mises.	Durée du tir.	Balles tirées.	Balles mises.	Durée du tir.	
(Grenadiers)																
1ʳᵉ																
2ᵉ																
3ᵉ																
4ᵉ																
(Voltigeurs)																
Totaux																
Jeunes soldats																
Totaux																

*État des munitions brûlées par le régiment
pendant le 2ᵉ trimestre 186 .*

| NUMÉROS | | NOMBRE | |
des bataillons.	des compagnies.	de cartouches à balles.	OBSERVATIONS.
	ANCIENS SOLDATS.		
1ᵉʳ	1ʳᵉ		
	2ᵉ		
	3ᵉ		
	4ᵉ		
	5ᵉ		
	6ᵉ		
2ᵉ	1ʳᵉ		
	2ᵉ		
	3ᵉ		
	4ᵉ		
	5ᵉ		
	6ᵉ		
	JEUNES SOLDATS.		
1ᵉʳ			
2ᵉ			
	OFFICIERS.		
Total			

A , 186 .

Le Capitaine instructeur de tir,

 ᵉ RÉGIMENT
 ᵉ BATAILLON — ᵉ COMPAGNIE.

*État des mutations survenues avant, pendant
ou après les exercices du tir.*

NUMÉRO annuel.	NOMS et prénoms.	GRADES.	TIRS FAITS aux distances de	MUTATIONS.
		GAINS.		
		PERTES.		

Le Commandant de la compagnie,

Cet état doit être fourni, pour la première fois, à la reprise du tir
la cible, et contenir toutes les mutations depuis le 1ᵉʳ janvier.

5

RAPPORT ANNUEL SUR LES ÉCOLES RÉGIMENTAIRES DE TIR.

INSTRUCTION THÉORIQUE.

TABLEAU N° 1. — *Étude du cours élémentaire de tir et conférences sur le tir.*

LIEUX de RÉSIDENCE.	DÉSIGNATION des fractions du corps stationnées dans la localité indiquée.	NOMS et grades de l'officier président.	NOMS ET GRADES des officiers ayant développé les sujets traités dans les conférences ou ayant été chargés de l'instruction des sous-officiers.	NOMBRE de séances.	SUJETS TRAITÉS dans les dernières conférences.
OFFICIERS.					
Vincennes.	État-major, 1re, 2e, 3e compagnie du 1er bataillon.... 2e bataillon au complet....	M. X..., lieutenant-colonel....	M. R..., capitaine de tir....	6	Nomenclature du fusil à aiguille. Entretien de l'arme par les soldats. Examen du fusil à aiguille comme arme de guerre. Zone dangereuse.
Orléans..	Grenadiers, 4e compagnie et voltigeurs du 1er bataillon..	M. S..., chef de bataillon	M. Z..., lieutenant, officier de tir du bataillon. Sorti de l'école de tir en 1863.	6	Id.
Melun..	2e, 3e, 4e compagnie et voltigeurs du 3e bataillon....	M. P..., chef de bataillon	M. B..., lieutenant, instructeur de tir du bataillon. Sorti de l'école de tir en 1862	6	Id.
SOUS-OFFICIERS.					
Vincennes..	1re, 2e et 3e compagnie du 1er bataillon....	....	M. A..., sous-lieutenant. Sorti de l'école de tir en 1865....	12	Nomenclature raisonnée du fusil à aiguille. Entretien de l'arme par le soldat.
	2e bataillon....	....	M. O..., sous-lieutenant, officier de tir du bataillon. Sorti de l'école de tir en 1866	14	Id.
Orléans..	Grenadiers, 4e compagnie et voltigeurs du 1er bataillon..	....	M. Z..., lieutenant, officier de tir du bataillon. Sorti de l'école de tir en 1863.	10	Id.
Melun....	2e, 3e, 4e et voltigeurs du 3e bataillon....	....	M. B..., lieutenant, instructeur de tir du bataillon. Sorti de l'école de tir en 1862	12	Id.

TABLEAU N° 2. — *Etude de l'instruction sur le tir.*

LIEU de RÉSIDENCE.	GRADES.	NOMS ET GRADES des sous-officiers chargés de faire l'instruction.	Ont acquis une instruction complète.	Ont acquis une instruction satisfaisante.	N'ont qu'une instruction incomplète.	N'ont pu être instruits.	TOTAUX.	OBSERVATIONS.
Vincennes..	Capitaine, lieutenant et sous-lieutenant...	M. G..., chef du 2ᵉ bataillon... M. R..., capitaine de tir......						
Orléans..	Capitaine, lieutenant et sous-lieutenant.	M. S..., chef de bataillon.....						
Melun....	Capitaine, lieutenant et sous-lieutenant...	M. P..., chef de bataillon.....						
		Totaux...						

LIEU de RÉSIDENCE.	GRADES.		NOMS ET GRADES des sous-officiers chargés de faire l'instruction.	Ont acquis une instruction complète.	Ont acquis une instruction satisfaisante.	N'ont qu'une instruction incomplète.	N'ont pu être instruits.	TOTAUX.	OBSERVATIONS.
Vincennes..	Sous-officiers	1ᵉʳ bat. 2ᵉ bat.	M. A........ M. C........						
Orléans...	Id.		M. Z........						
Melun....	Id.		M. B........						
			Totaux...						
Vincennes..	Caporaux	1ᵉʳ bat. 2ᵉ bat.	M. A........ M. C........						
Orléans...	Id.		M. Z........						
Melun....	Id.		M. B........						
			Totaux...						

[illegible]

APPENDICE.

Tous les principes contenus dans la présente Instruction sont applicables au tir de la carabine et du fusil transformés, modèles 1867. On n'indiquera donc, dans cet Appendice, que les modifications de détail auxquelles donne lieu la différence des armes.

Carabine.

TITRE I. — Voir la présente Instruction.

TITRE II. — Voir l'Instruction du 20 octobre 1867.

TITRE III. — *Art.* 1er. Pointage sur chevalet *avec la ligne de mire de 150 mètres.*

Art. 2. Maniement de la hausse : au commandement d'avertissement qui indique la distance, disposer la hausse.

Si la distance indiquée l'exige, saisir le curseur avec le pouce et le premier doigt de la main droite, le faire jouer pour l'amener à la place qu'il doit occuper, lever ensuite la planche.

Quand on devra porter les armes, on rabattra la hausse après avoir désarmé.

Art. 3. Règles de tir.

Viser le centre du but ou la ceinture d'un homme :

1° Jusqu'à 150 mètres, avec la mire de 150 mètres ;

2º Entre 150 et 250 mètres, avec la mire de 250 mètres ;

3º Entre 250 et 350 mètres, avec la mire de 350 mètres ;

4º Pour toutes les distances plus grandes que 350 mètres, élever le curseur jusqu'à ce que le bord supérieur arrive au trait qui marque la distance estimée. (Les hausses, ainsi prises, sont généralement un peu faibles. Dans le tir réel on prendra la hausse correspondant à la distance augmentée de 1/10.)

Le § 1er des observations qui suivent les règles de tir dans la présente Instruction ne s'applique pas à la carabine.

TITRE IV. — Voir la présente Instruction.

TITRE V. —Voir la présente Instruction.

TIT. VI, CHAP. II. — *Tableau des zones dangereuses.*

DISTANCES.	FANTASSINS 1m,60.			CAVALIERS 2m,50.		
	En avant.	En arrière.	Total.	En avant.	En arrière.	Total.
200m	200	45	245	200	63	263
300	35	28	63	60	43	103
400	25	19	44	38	29	67
500	18	15	33	27	23	50
600	14	12	26	20	17	37
700	11	10	21	15	13	28
800	9	8	17	11	10	21
900	8	7	15	9	8	17
1000	6	6	12	8	8	16

Fusil.

Titre I. — Voir la présente Instruction.

Titre II. — Voir l'Instruction du 1ᵉʳ décembre 1867.

Titre III. — *Art.* 2. Maniement de la hausse : au commandement d'avertissement qui indique la distance, disposer la hausse en plaçant verticalement le petit ou le grand côté, suivant la distance.

Quand on devra porter les armes, on rabattra, si l'on s'en est servi, le grand côté, après avoir désarmé.

Art. 3. Règles de tir.

Avec la hausse de 200ᵐ, à	100ᵐ viser les pieds.	
	150 id. les genoux.	
	200 id. la ceinture.	
	250 id. la tête.	
Avec la hausse de 400ᵐ, à	350 id. les jambes.	
	400 id. la ceinture.	
	450 id. le sommet de la coiffure.	
Avec la hausse de 600ᵐ, à	600 id. la ceinture.	

Le § 1ᵉʳ des observations qui suivent les règles de tir, dans la présente Instruction, ne s'applique pas au fusil transformé, modèle 1867.

Titre IV. — L'appréciation des distances sera enseignée aux hommes armés du fusil transformé, modèle 1867, d'après la méthode exposée dans la présente Instruction ; mais, dans l'article 4, les instructeurs, ne pouvant se rendre compte de la règle de tir employée, demanderont à chaque soldat quelle est celle dont il a fait usage.

Le soldat sera réputé instruit quand il emploiera généralement la règle de tir qui convient à la distance.

TITRE V. — 1re *Leçon.* Voir la présente Instruction.

2e *Leçon.* Des classes des tireurs.

Lorsque les tirs individuels sont terminés, les sous-officiers, les caporaux, les anciens et les jeunes soldats sont classés d'après les bases indiquées au tableau n° 1 *bis*; on forme trois classes de tireurs.

Pour le tir de la compagnie hors rang, on se conforme au tableau n° 2 *bis*; parmi les hommes de cette compagnie, on ne classe que les sapeurs, qui seuls exécutent la série complète des tirs.

Le tir des jeunes soldats de la réserve s'exécute conformément au tableau n° 3 *bis*; ces hommes, n'exécutant qu'une série de tirs incomplète, ne sont pas classés.

3e *Leçon.* — Feu de tirailleurs.

§ 5 (*Tir sur des hommes isolés*). On emploie les cibles de 50 centimètres jusqu'à la distance de 250 mètres.

§ 6 (*Tir sur des groupes*). On emploie les cibles de 2 mètres de base jusqu'à la distance de 450 mètres.

§ 7 (*Tir sur des pelotons*). On emploie les panneaux de 8 mètres de base jusqu'à la distance de 600 mètres.

1re Séance. — Feux de pied ferme.

§ 2. Les trois bases d'alignement sont jalonnées à des distances des cibles comprises entre 100 et 250 mètres.

2e Séance. — Feux en marchant.

1re Reprise. § 1er. La base du mouvement est jalonnée à une distance du but comprise entre 350 et 450 mètres ; on ne s'approchera pas du but plus près que 250 mètres.

2e Reprise. § 1er. La base du mouvement est jalonnée à une distance d'environ 600 mètres du but ; on ne s'en approchera pas plus près que 350 mètres.

Tir sur des colonnes.

§ 1er. La base sera jalonnée à 600 mètres environ. On fera les feux de pied ferme ou en marchant. Limite inférieure de la marche, 450 mètres. On se conformera aux règles qui précèdent.

4e *Leçon.* Feux d'ensemble, à volonté et à commandement.

§ 2. Les feux à volonté s'exécutent debout ou à genou ; 6 balles sont tirées à la distance de 200 mètres, 6 autres à 400 mètres.

§ 3. Les feux de peloton s'exécutent aux distances de 200, 400 et 600 mètres. Trois balles sont tirées à chacune de ces distances.

Titre VI. — Chap. 2, 2° Tir plongeant. § 2, remplacer la limite de 500 mètres par celle de 300 mètres.

Tableau des zones dangereuses.

DISTANCES.	FANTASSINS 1m,60.			CAVALIERS 2m,50.		
	En avant.	En arrière.	Total.	En avant.	En arrière.	Total.
200m	200m	43m	243m	200m	62m	262m
300	34	26	60	58	40	98
400	24	18	42	35	25	60
500	16	14	30	22	17	39
600	11	10	21	16	13	29

TABLEAUX DE L'APPENDICE.

TIR DU FUSIL TRANSFORMÉ, MODÈLE 1867.

DISTANCES.	100m		150m		200m		250m		400m		600m		1re CLASSE.		2e CLASSE.	
Dimensions des cibles.	1 cible de 0m,50, noir de 0m,10 de diamètre.		1 cible. 0m,15.		2 cibles de 0m,50. 0m,20.		2 cibles. 0m,25.		4 cibles. 0m,40.		6 cibles. 0m,60.		Coefficients.	Nombre total de balles à mettre.	Coefficients.	Nombre total de balles à mettre.
Étendue des champs de tir.	Nombre de		Nombre de		Nombre de		Nombre de		Nombre de		Nombre de					
	séances.	balles tirées.	séances.	balles tirées.	séances.	balles tirées.	séances.	balles tirées.	séances.	balles tirées.	séances.	balles tirées.				
600m	2	9	2	9	2	9	2	9	2	9	1	10	2	56	1	37
400m	2	9	2	9	3	9	2	9	1 1	9 10			3	58	2	40
250m	3	9	2	9	4	9	1 1	9 10					5	65	3	45
200m	4	9	3	9	3 1	9 10							6	67	4	48
150m	5	9	5 1	9 10									5	65	4	49
100m	10 1	9 10											7	77	5	55

FUSIL TRANSFORMÉ, MODÈLE 1867. — *Tir de la compagnie hors rang.*

DISTANCES.	100m		150m		200m		TOTAL	
							des séances.	des balles tirées.
Nombre de cibles de 0m,50.	1		1		2			
	Séances.	Balles.	Séances.	Balles.	Séances.	Balles.		
Dimension des champs de tir. 200m	1	9	1	9	1	9	3	27
150m	2	9	1	9			3	27
100m	3	9					3	27

Nota. La compagnie hors rang ne tire pas au delà de 200 mètres avec le fusil transformé, modèle 1867.

TIR DE LA RÉSERVE.

TIR DE LA RÉSERVE.

PREMIÈRE ANNÉE.

DISTANCES.	100m		150m		200m		250m		400m		600m		TOTAL	
Nombre de cibles de 0m,50.	1		1		2		2		4		6		des séances.	des balles tirées.
Champs de tir.	Séances.	Balles.	Séances.	Balles.	Séances.	Balles.	Séances.	Balles.	Séances.	Balles.	Séances.	Balles.		
400m	2	6			2	6			1	6			5	30
200m	2	6	1	6	2	6							5	30
150m	3	6	2	6									5	30
100m	5	6											5	30

DEUXIÈME ANNÉE.

DISTANCES.	100m		150m		200m		250m		400m		600m		TOTAL	
600m	1	6	1	6	1	6			1	6	1	6	5	30
400m	1	6	1	6	1	6	1	6	1	6			5	30
250m	1	6	1	6	2	6	1	6					5	30
200m	2	6	1	6	2	6							5	30
150m	3	6	2	6									5	30
100m	5	6											5	30

Feux d'ensemble.

ESPÈCES DE FEUX.		NOMBRE DE			DISTANCES.
		séances.	bases d'aligne-ment.	balles tirées.	Fusil transformé 1867.
Feux de tirailleurs	de pied ferme.	1	3	9 en 3 séries.	de 100 à 250m.
	en avant et en retraite. . .	1	2	18 en 2 reprises.	1re reprise de 400 à 250m. 2e reprise de 600 à 400m.
Feux à volonté	debout ou à genou . . .		2	12 en 2 séries.	200m (6) 400m (6) } 12
Feux de peloton	debout ou à genou . . .	1	3	9 en 3 séries.	200m (3) 400m (3) 600m (3) } 9
Totaux		3		48	

PRIX RÉGLEMENTAIRE DE TIR.

ÉPINGLETTES D'HONNEUR.

Fig. 7.

Chaîne et grenade en argent.

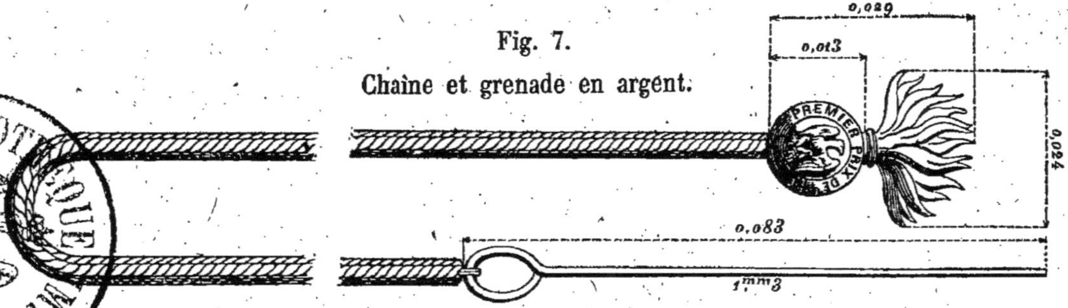

Longueur totale de la chaîne, 40 centimètres.

Agrafe en fer.

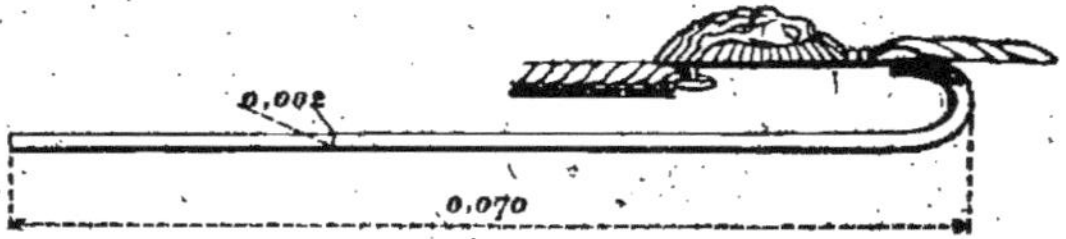

L'épinglette du 1er prix de tir ne diffère des autres que par l'inscription gravée sur la grenade. Sur la grenade de l'épinglette du 1er prix, on lit : 1er prix de tir; sur la grenade des autres épinglettes, on lit simplement : prix de tir.

5

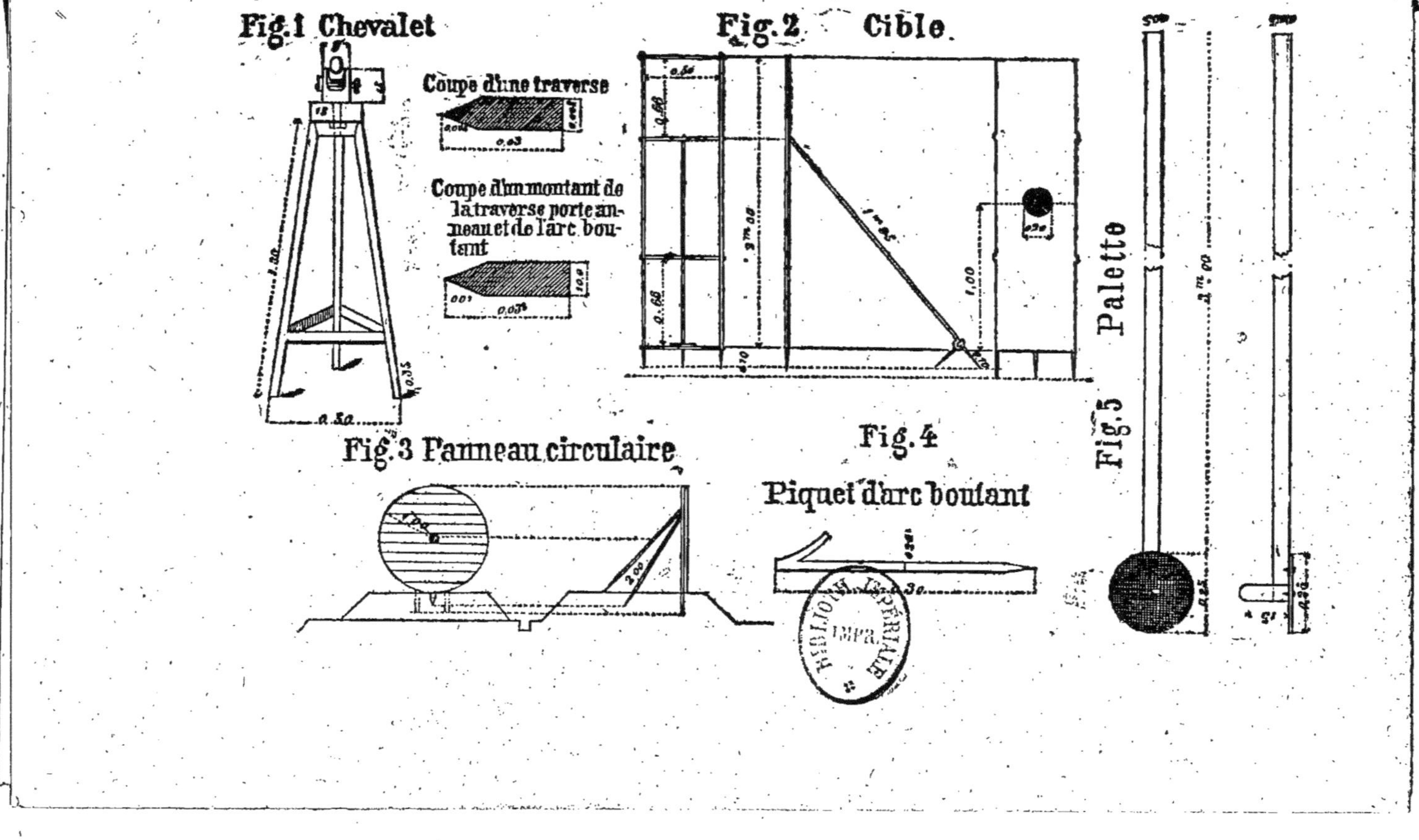

Fig.1 Chevalet
Coupe d'une traverse
Coupe d'un montant de la traverse porte an-neau et de l'arc bou-tant
Fig.2 Cible.
Palette
Fig.5
Fig.3 Panneau circulaire
Fig.4
Piquet d'arc boutant
BIBLIOTHÈQUE IMPÉRIALE

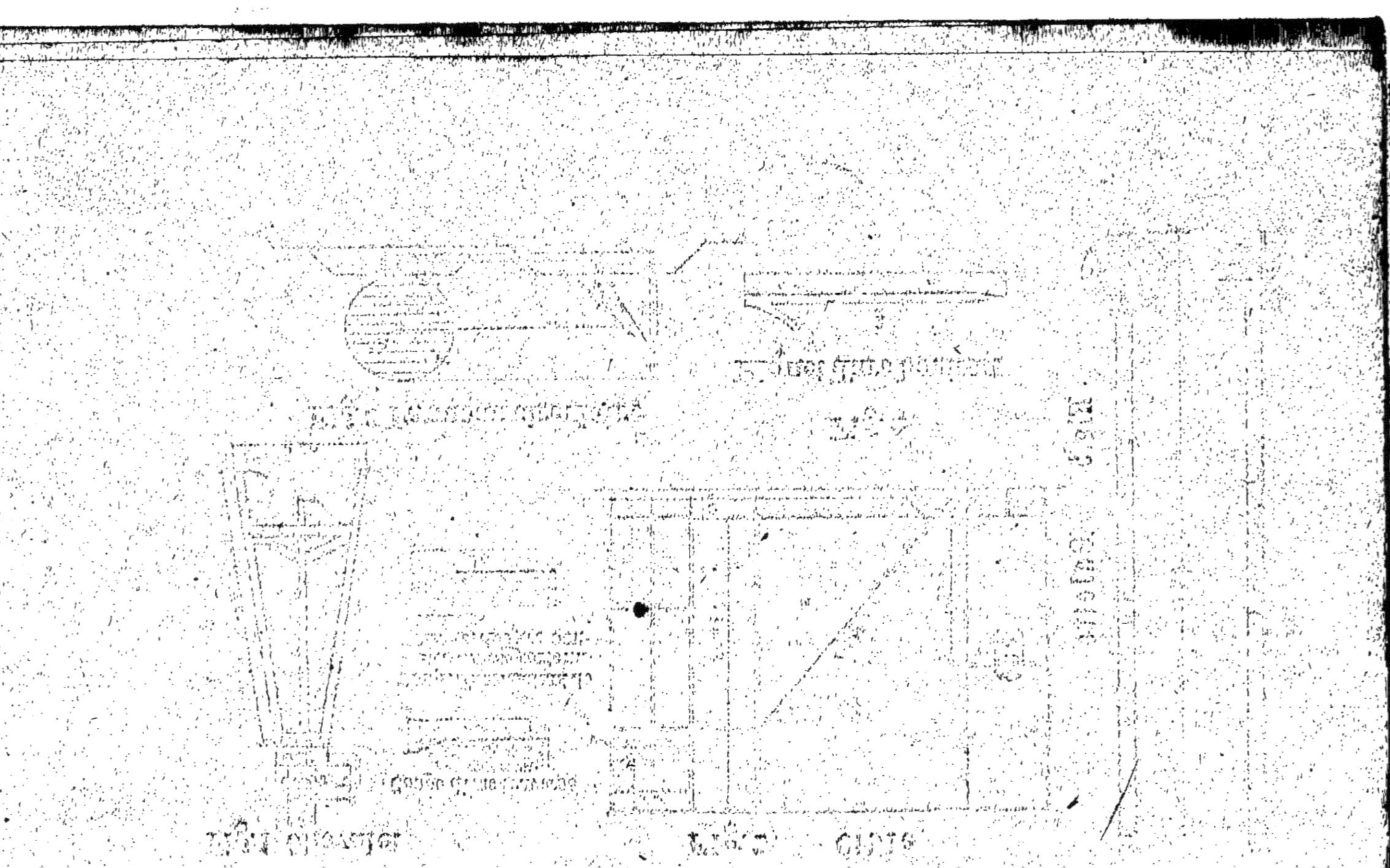

Plan
B
A
table de 1^m 00
2, 00
2, 00
1 30
5^m 00 au minimum
Coupe suivant AB
Fig. 6.

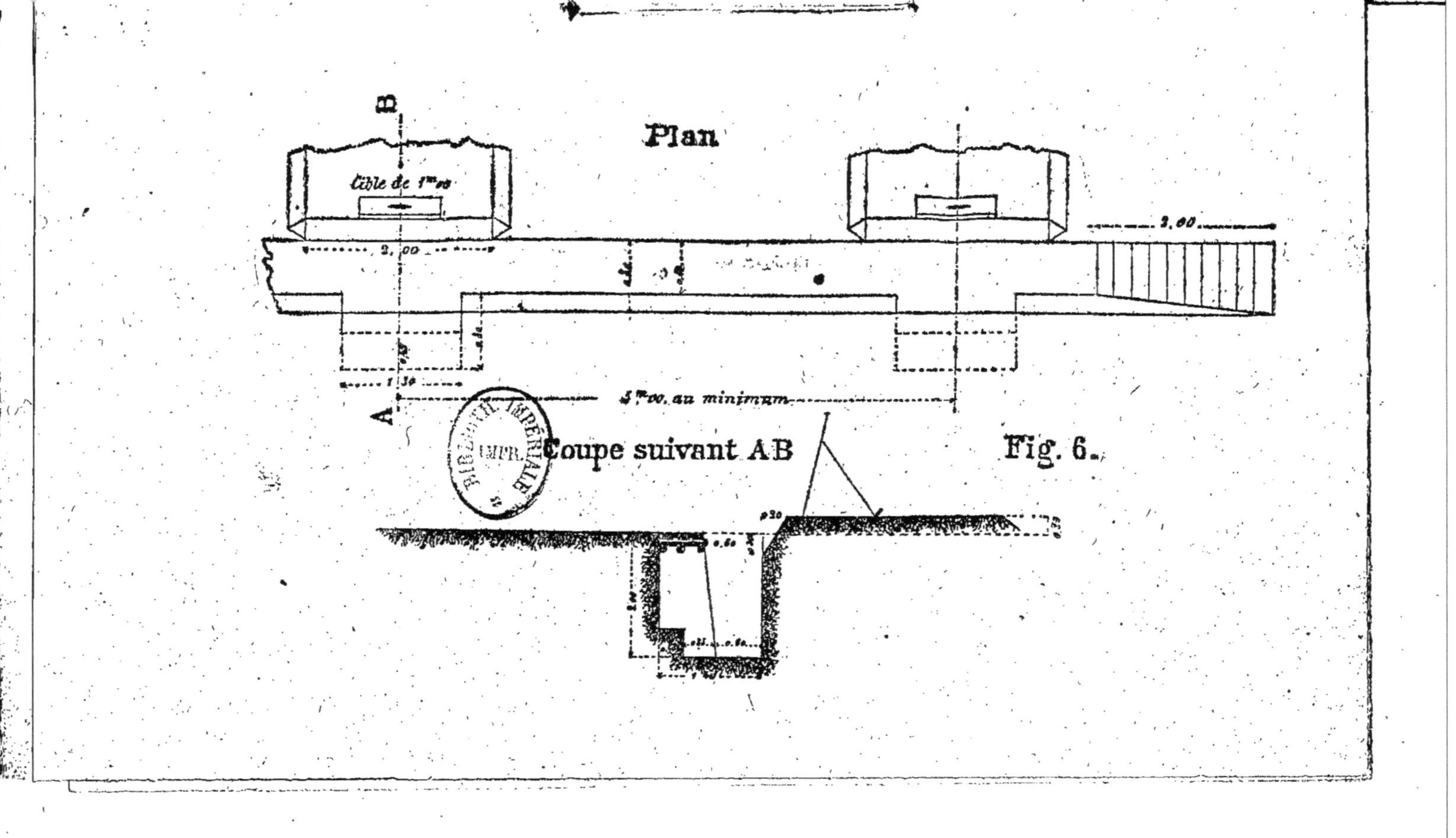

Fig. 6.

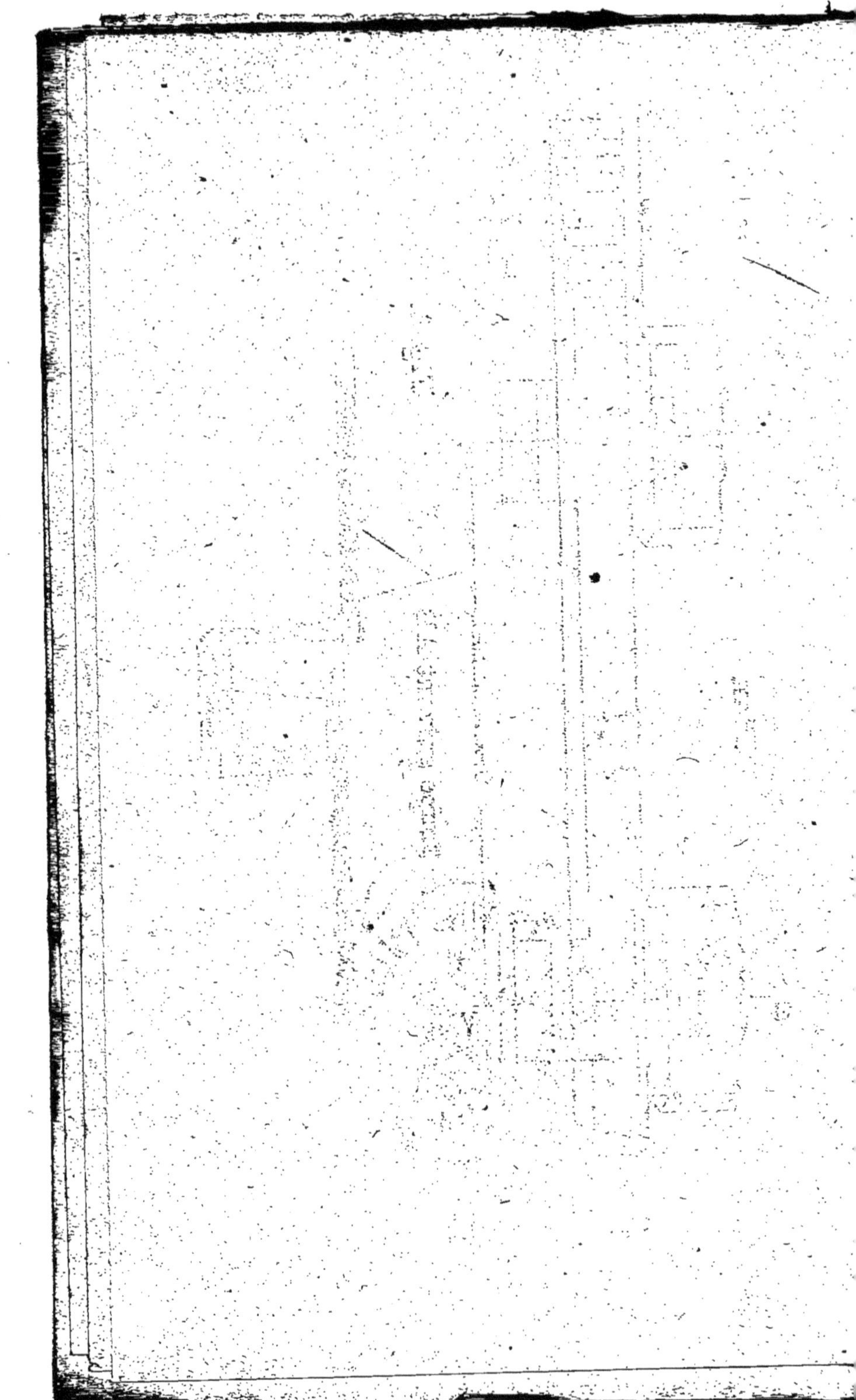

TABLE.